VLIELAND ⭐

Eiland mit nur einem Dorf, lang gestreckten Dünen und der größten zusammenhängenden Sandfläche Europas

📷 *Tipp: Das weiße Drenkelingenhuisje im Nordwesten erhebt sich auf seinen Stelzen hoch über endloser Sand- und Wattlandschaft – ein tolles Motiv, besonders bei dramatisch bevölktem Himmel*

➤ S. 97, Westfriesische Inseln

VEERE ⭐

Zum Verlieben gotisch: Veere ist ein malerisch verschlafenes Städtchen am See

➤ S. 44, Zeeland

KEUKENHOF 8

Tulpen, so weit das Auge reicht und noch weiter: Die Blumenzwiebelgegend ist der größte Freilandgarten der Welt (Foto)

➤ S. 63, Randstad

HAARLEM ⭐

Der Heimatort von Maler Frans Hals lädt mit seinem pittoresken Charme zum Bummeln ein

📷 *Tipp: Wasser mit Windmühle und alten Häuschen? Kein Problem an der Ecke Koudenhorn/ Catharijnebrug*

➤ S. 74, Rund ums IJsselmeer

INSELHÜPFEN ⭐ 10

Ruhige Tage auf hoher See: Im Sommer schippern Segelboote zwischen den Watteninseln hin und her

➤ S. 34, Sport

INHALT

WESTFRIESISCHE INSELN

RUND UMS IJSSELMEER

RANDSTAD

ZEELAND

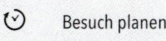 Besuch planen   Essen/Trinken

€ – €€€ Preiskategorien   Shoppen

(*) Kostenpflichtige Telefonnummer   Ausgehen

 Top-Strände

(🗺 A2) Herausnehmbare Faltkarte
(🗺 a2) Zusatzkarte auf der Faltkarte
(0) Außerhalb des Faltkartenausschnitts

BESSER PLANEN MEHR ERLEBEN!

**Digitale Extras
go.marcopolo.de/app/nik**

DAS BESTE ZUERST

Weißer Strand, Dünen, Kiosk und Leuchtturm – 1 a Urlaubsmischung auf Texel

BEST OF ☂

BEI REGEN

SCHÖN, AUCH WENN ES REGNET

UNTERWASSER-ERLEBNIS
Bei schlechtem Wetter macht der *Deltapark Neeltje Jans* richtig gute Laune – unter anderem mit 3-D-Unterwasserfilmen.

➤ S. 45, Zeeland

TEE MIT GEBÄCK IM KURHAUS
Das *Grand Hotel Amrâth Kurhaus* in Scheveningen versprüht den Charme und Glamour einer längst vergangenen Zeit. Der High Tea wird im Art-déco-Kursaal zelebriert – ein (bezahlbares) Erlebnis (Foto).

➤ S. 69, Randstad

LECKEREIEN AUS DER GANZEN WELT
96 Stände mit Spezialitäten aus aller Herren Länder unter dem Dach eines spektakulären Baus: So ist die *Markthalle* in Rotterdam in Windeseile zu einer ganz besonderen Attraktion geworden.

➤ S. 64, Randstad

SHOPPEN AUF GUT NIEDERLÄNDISCH
Es regnet Bindfäden? Im riesigen Mode-Outletcenter *Batavia Stad* in Flevoland findest du Günstiges von großen Marken – und das alles im Ambiente eines altholländischen Städtchens.

➤ S. 84, Rund ums IJsselmeer

3 … 2 … 1 … GO!
Die *Space Expo* in Noordwijk ist das offizielle Besucherzentrum des niederländischen Zweigs der Europäischen Weltraumbehörde. Hier kannst du beim simulierten Start einer Ariane-Rakete dabei sein.

➤ S. 63, Randstad

BEGEHBARE SKULPTUREN
Der kleinste Aufzug der Welt oder ein Trockenbad unter der Wasseroberfläche. Beides sorgt im Museum *Voorlinden* bei Wassenaar für Heiterkeit. Auch der Museumsbau ist spektakulär.

➤ S. 60, Randstad

BEST OF
LOW-BUDGET

FÜR DEN KLEINEN GELDBEUTEL

TECHNIKSCHAU FÜR LAU

Bestaune die mächtigen Deltawerke zum Schutz des Binnenlands bei der *Maeslantkering* in Hoek van Holland Der Eintritt ins Besucherzentrum ist frei. Für Staunen sorgt ein bewegliches Modell des riesigen Flutwehrs.
➤ S. 68, Randstad

KUNSTGENUSS FÜR NULL EURO

Der *Strandboulevard von Scheveningen* war lange Zeit eine etwas triste Sache. Der Bildhauer Tom Otterness hat mit einer Gratis-Kunstsammlung für Abwechslung gesorgt und sich mit 23 Skulpturen hier verewigt.
➤ S. 58, Randstad

DELIKATESSEN AUS DEM WATT

Kein Geld für ein teures Fischrestaurant? Dann nichts wie raus ins Watt und *Austern sammeln!* Mit etwas Glück klaubst du dir bei Ebbe vor Texel ein ganzes Abendessen zusammen.
➤ S. 96, Westfriesische Inseln

EINTRITT FREI AUF DEM OZEANKREUZER

1950 war das Reisen noch glamourös. Wenn du mal ein Kreuzfahrtschiff jener Zeit von innen sehen möchte: Der Gang über das heutige *Hotelschiff SS Rotterdam* ist gratis.
➤ S. 69, Randstad

DÜNENRUTSCHEN

Die 51 m hohe *Klimduin* öffnet sich wie eine Skipiste mitten ins Zentrum des Örtchens Schoorl. Auf dem Hang darf nach Herzenslust getobt werden, ohne dass ein Eintrittsgeld fällig würde.
➤ S. 80, Rund ums IJsselmeer

WAHRZEICHEN AUF DEM WASSER

Mit Riesenrad, Zipline und Street-Food-Ständen sieht der *Pier* von Scheveningen aus wie ein Vergnügungspark. Der Eintritt für den Spaziergang übers Wasser ist frei (Foto).
➤ S. 58, Randstad

BEST OF

MIT KINDERN

SPANNENDES FÜR GROSS & KLEIN

UNTER HAIEN

In der maritimen Abenteuerwelt des *Arsenaal Vlissingen* gehen kleine Piraten auf Schatzinselsuche und tollen auf einem Geisterschiff herum. Im Ebbe-und-Flut-Aquarium drehen Haie, Rochen und der seltene Meerwolf ihre Runden.

➤ S. 44, Zeeland

RUTSCHEN UND FLIEGEN

Ein tropisches Tikibad mit langer Wasserrutsche und die Fledermausmobile zum Flug über die Dünen sind die Spaßgaranten im nah am Meer gelegenen Freizeitpark *Duinrell*.

➤ S. 60, Randstad

GANZES LAND IN KLEIN

Von der historischen Windmühle und dem effizienten Windpark bis zum Rotterdamer Hafen zeigt der Miniaturpark *Madurodam* viele Facetten der Niederlande im Kleinformat.

➤ S. 58, Randstad

VON SEEHUND, PINGUIN UND CO.

Was du und deine Kinder schon immer über Seehunde und Pinguine, Otter und Wallabys wissen wolltet, erfahrt ihr im *Aquazoo* in Leeuwarden.

➤ S. 87, Rund ums IJsselmeer

HOCH HINAUS, TIEF HINUNTER

Kinder und Erwachsene bekommen im *Walibi* Kicks auf den höchsten und längsten Achterbahnen des Lands und deren feuchtfröhlicher Variante, der Wasserrutsche. Beschaulicher ist das Zauberschloss.

➤ S. 86, Rund ums IJsselmeer

MERKWÜRDIGE NATURHISTORIE

Ein Eisvogel, festgefroren in einer Eisscholle. Ein Igel, dessen Schnauze in einem Becher feststeckt. Mit skurrilen Exponaten zieht das Museum *Het Natuurhistorisch* Aufmerksamkeit auf sich und schafft ein bleibendes Bewusstsein für die Anfälligkeit der Natur.

➤ S. 66, Randstad

BEST OF
TYPISCH

DAS ERLEBST DU NUR HIER

ÜBERNACHTEN AM STRAND

Kleine, bunte Holzhäuschen säumen viele Strände. Die meisten sind saisonweise verpachtet, aber es gibt auch solche, die du tage- und wochenweise mieten kannst. Schönstes Beispiel sind die *Slaapzand-Häuser* in Domburg.
➤ S. 51, Zeeland

NATURSCHUTZ IN DEN DÜNEN

Von hier kommt das Trinkwasser: Viele Dünenlandschaften – darunter die *Kennemerduinen* bei Zandvoort – sind Wasserschutzgebiete, in denen du fern des Strandtrubels herrlich spazieren gehen kannst.
➤ S. 77, Rund um das IJsselmeer

MIT DEM DRACHEN AUFS MEER

Kitesurfer lieben die Nordseeküste. An vielen Stränden lässt sich der Ritt mit dem Drachen lernen. Den richtigen Dreh vermittelt das Team der *Dreams Surfschool* in Ter Heijde.
➤ S. 34, Sport

FIETSEN-KULTUR

Das Land ist flach, die Entfernungen sind kurz: Steig wie die Niederländer aufs Rad um! Auf der autofreien Insel Vlieland macht Radeln besonders Spaß, z. B. auf dem *26-km-Rundweg*.
➤ S. 98, Westfriesische Inseln

ROBBEN BEOBACHTEN

Etwa 8000 Seehunde leben vor der Niederländischen Küste. Mit ein wenig Glück kannst du sie auf einer Sandbank in der Sonne liegen sehen. Als Alternative bleibt die Seehundaufzuchtstation *Ecomare* auf Texel (Foto).
➤ S. 94, Westfriesische Inseln

AUFRUHR UM DEN HERING

Die neue niederländische Genusskultur lässt sich am besten am Matjes festmachen: Kommt der *Hollandse Nieuwe* im Juni auf den Markt, ist das ganze Land in Aufruhr. Besonders gut schmeckt er bei *Simonis* in Scheveningen.
➤ S. 60, Randstad

SO TICKT DIE NIEDERLÄNDISCHE KÜSTE

Kinderdijk ist der Hotspot allerschönster Niederlande-Klischees

ENTDECKE DIE NIEDERLÄNDISCHE KÜSTE

Zieht sich das Meer zurück, erobern Wattwanderer für ein paar Stunden neues Land

Die Niederländische Nordseeküste ist mehr als 350 km lang, wobei sie fast durchgängig von Sandstränden flankiert wird. Hinter den Deichen wechseln sich historische Städtchen und lebendige Metropolen in dichter Folge ab. In Kombination mit einer perfekten Infrastruktur für Urlaub und Alltag bürgt dies für eine in dieser Form weltweit einzigartige Ferienregion.

ANS MEER

Die Luft ist schon jetzt spürbar salzig, und es weht eine angenehme Brise. Nun wirfst du die Strandtasche über die Schulter und nimmst die letzten Treppenstufen bis zum Scheitel der Düne in Angriff. Endlich siehst du das Meer. Genauer gesagt: die Nordsee, die sich gerne ein bisschen launisch gibt, die auch in der warmen Jahreszeit Wellen produziert, die nur selten über 20 Grad warm wird

1568–1648
80-jähriger Krieg gegen Spanien unter Wilhelm I.

1579
Gründung der Utrechter Union, innere Trennung der Niederlande

1581
Unabhängigkeitserklärung der nördlichen Provinzen

Seit 1814
Königreich der Niederlande. 1830 Aufstand/Abfall Belgiens

1932
Abschlussdeich ist vollendet: Die Zuiderzee wird IJsselmeer

1940–45
Zweiter Weltkrieg. Die Niederlande werden von Deutschland besetzt

SO TICKT DIE NIEDERLÄNDISCHE KÜSTE

und die gerade dadurch ein Garant für Sommerfrische ist. In den Niederlanden zeigt sich die Nordsee von ihrer besten Seite: Von Cadzand, das de facto ein Anhängsel des flämischen Festlands ist, über die dünn besiedelte Provinz Zeeland bis hinauf nach Den Helder und zu den Wattenmeerinseln breiten sich feine Sandstrände aus. Fast überall gehen diese in Dünenlandschaften über, die eine sehr effektive Trennlinie markieren zwischen dem Ort, wo du die schönsten Stunden des Jahres verbringst, und dem Hinterland, dessen Entwicklung kaum irgendwo so ausgeprägt ist, wie in den fortschrittlichen, erfindungsfreudigen und dicht besiedelten Niederlanden.

SCHLEMMEN IM STRANDPAVILLON

Gut, der Wind mag manchmal kräftig sein, aber du bist ja auch nicht in der Südsee. Mach es wie die Einheimischen, die ein Schutzsegel einpacken, wenn sie zum Strand gehen. Oder sich gleich auf die rundumverglasten Terrassen eines Strandpavillons setzen, die noch vor wenigen Jahren zur billigen Abfütterung dienten, mittlerweile aber zum kulinarischen Kulturgut aufgestiegen sind. Wo du auch gut mal einen halben Tag verbummeln kannst. Mit bitterballen und einem Bierchen, immer häufiger aber auch mit frischem Seafood, Craft Beer und anständigem Wein.

GRACHTEN UND GIEBEL

Das aber ist nur der Anfang, hinter den Dünen gehen die Freuden unvermindert weiter: Die niederländische Küste ist seit vielen Jahrhunderten besiedelt – und

1953 Sturmflut in Zeeland. Start des Deltaprojekts zur Absicherung der Küste

1975 Unabhängigkeit der Kolonie Surinam

1997 Einweihung des Sturmflutwehrs bei Rotterdam

2013 Königin Beatrix dankt ab, Willem-Alexander wird König

2018 Leeuwarden (Ljouwert) ist Europäische Kulturhauptstadt

2020 14 % der Niederlande werden mit regenerativen Energien versorgt

die vielen kleinen Städtchen im Hinterland haben sich seitdem wenig verändert. Sei es das einst stolze Middelburg auf der Halbinsel Walcheren, das ehrwürdige Zierikzee auf Schouwe-Duivenland oder das früher geschäftige Hoorn am IJssel-meer, überall ist die Geschichte der Seefahrer- und Handelsnation greifbar. Besonders hier an der einstigen Zuiderzee lebt in Marken, Volendam und Monni-ckendam ein scheinbar längst vergessener Teil niederländischer Geschichte weiter – mit kleinen Grachten, herausgeputzten Giebelhäusern und verwinkelten Gassen, die ein Gesamtensemble ergeben, das jedem noch so zivilisationsmü-den Auge schmeichelt. Doch auch einer der größten europäischen Ballungsräu-me touchiert die Küstenlinie. Die Niederländer haben dem Trapez zwischen Utrecht, Amsterdam, Haarlem, Den Haag und Rotterdam den Namen Randstad verpasst. Dessen Existenz steigert die Attraktivität eines Urlaubs an der Nordsee nur noch mehr. Das wird nirgendwo greifbarer als in Den Haag, das für sich be-anspruchen darf, die einzige europäische Großstadt mit gleich zwei Seebädern zu sein: dem familienfreundlichen Kijkduin und dem betriebsamen Scheveningen.

TATENDRANG UND FORTSCHRITTSGLAUBE

Der Regierungssitz hat sich zu einer weltgewandten Metropole mit vielen guten Restaurants und hübschen Geschäften gewandelt, deren rasant wachsende Sky-line in schrillem Kontrast zu den urholländischen Straßen der Innenstadt steht. Noch ausgeprägter ist der Fortschrittsglaube in Rotterdam. Die Bewohner der Hafenstadt halten sich nicht lange mit Planungen auf. Nein, hier werden Ideen gleich in die Tat umgesetzt: Würfelförmige Behausungen wie die *Kubuswonin-gen* oder die umwerfende Markthalle verleihen der Stadt seither eine Aufbruch-stimmung, die kreative Menschen geradezu anzieht. Versteht sich von selbst, dass solche Bewohner Besuchern gegenüber freundlich und aufgeschlossen sind.
Auch Delft, Leiden und Haarlem sind Teil der Randstad – und obwohl die Städte deutlich kleiner sind, ist ihr authentischer Charme Anlass genug für einen aus-gedehnten Ausflug während des Urlaubs an der Küste. Eine willkommene Über-leitung zu einem weiteren Vorteil der Region: die geografischen Abstände, die an der Küste gering sind. Egal, ob du nun in Zeeland oder Noord-Holland bist, überall sind attraktive Städte, Themenparks und Sehenswürdigkeiten wie Tul-penfelder im Rahmen eines Tagesausflugs erreichbar. Und nicht selten bieten sich der Nahverkehr oder gar das Fahrrad als Alternative zum Auto an.

ALLEIN AUF DER INSEL

Große Ausnahme vom geschäftigen Treiben sind die fünf Wattenmeerinseln vor der Niederländischen Küste. Schon bei der Überfahrt nach Texel, Vlieland, Terschelling, Ameland und Schiermonnikoog kommt ein Gefühl der Abgeschiedenheit auf, das den Erholungsprozess unmittelbar in Gang setzt. Hier sind Brise und Brandung viel-leicht noch ein wenig ungestümer. Der perfekte Ort, um buchstäblich Abstand zum Alltag zu gewinnen, Geist, Seele wie Körper auf Hängemattenmodus zu schalten.

AUF EINEN BLICK

183,8 CM
Mit dieser Durchschnittsgröße sind die niederländischen Männer die größten der Welt

100 %
Anteil regenerativer Energie beim Zugverkehr

523 km
Küstenlänge (inkl. Inseln und Westerschelde)
Deutsche Nordseeküste: 621 km

2001
Als erstes Land weltweit erkennen die Niederlande die Ehe unter Homosexuellen an

Deutschland: 2017

HÖCHSTE DÜNE: CATRIJPER NOK
55,4 M
bei Schoorl

WÄRMSTER MONAT
AUGUST
20,6 °C

TIEFSTER PUNKT: NIEUWENKERK AAN DE IJSSEL
6,6 M
unterm Meeresspiegel

SECHS NATIONALPARKS

Oosterschelde, De Biesbosch, Zuid-Kennemerland, Duinen van Texel, Lauwersmeer, Schiermonnikoog

ROTTERDAM
Größte Stadt mit 641.326 Einwohner (Düsseldorf 613.230)

BERÜHMTESTE PERSON
Mata Hari (Leeuwarden), Doppelspionin & Tänzerin

ERFINDUNG DER HERINGSKONSERVIERUNG:
14. JH., WILLEM BEUKELSZOON

DIE NIEDERLÄNDISCHE KÜSTE VERSTEHEN

COFFEESHOPS

Die Niederlande sind Europas einziges Land mit sogenannten Coffeeshops – Cafés, in denen weiche Drogen wie Haschisch und Marihuana gekauft bzw. konsumiert werden dürfen. Der Besitz ist nicht legal, aber es gibt eben auch keine Verfolgung dieses Delikts. Wer nicht mehr als 30 g bei sich trägt, bekommt keine Probleme mit der Polizei. Auch der Eigenanbau von Hanf wird toleriert, allerdings dürfen es nicht mehr als fünf Pflanzen sein. Die Duldung weicher Drogen sorgt vor allem in grenznahen Regionen zunehmend für Unmut. Gleichwohl haben die Provinzen Noord Brabant, Limburg und Zeeland das Experiment, Cannabis nur noch an Einheimische zu verkaufen, wieder aufgegeben.

NIEDERLÄNDISCH & CO.

Amts- und Umgangssprache ist Niederländisch. In Europa sprechen es 23 Mio. Menschen, die Niederländer und die 6 Mio. Flamen in Belgien (Flämisch). Friesisch ist in Friesland als Minderheitensprache anerkannt und wird an den dortigen Schulen gelehrt. In Zeeland hört man oft den Dialekt Zeeuws, der dem Flämischen ähnelt. Allein dies zeigt, dass auch in den kleinen Niederlanden regionale Identitäten von Bedeutung sind.

Wer generell von „Holländern" spricht, missachtet streng genommen, dass diese nur in den Provinzen Noord- und Zuid-Holland beheimatet sind. In Friesland, Zeeland oder Groningen reagiert manch einer verschnupft darauf, alle Identitäten in einen Topf zu werfen. Doch keine Angst: Zu Bitterkeit kommt es wegen solcher Verallgemeinerungen nun auch wieder nicht – schließlich sind Niederländer tolerant.

SCHÜTZENSWERTE SANDWÄLLE

Dünen prägen das Gesicht aller niederländischen Inseln und der Küste von Den Helder bis nach Belgien. Das Dünensystem entstand etwa im 12. Jh. Bis heute ist nicht sicher, was den plötzlichen Sandzuwachs verursachte. Experten vermuten, dass das Abschlagen der Wälder im Inland dazu beitrug. Dabei wurde eine Menge Sand freigesetzt, der sich mit den Ablagerungen, die die Flüsse Rhein und Maas seit Jahrhunderten an die Küste getragen hatten, vermischte. Dünen werden im Lauf der Zeit von Gräsern überwuchert. Wird die Pflanzendecke zerstört, trägt der Wind die Dünen ab, und das Wasser hat freien Zulauf. Der Schutz der Dünen gehört daher zu den vordringlichen Aufgaben der niederländischen Behörden.

WASSERBAU DELUXE

Rund 5,5 Mrd. Euro wurden zwischen 1953 und 1997 für das sogenannte Deltaprojekt zum Schutz des Hinterlands in Zeeland ausgegeben – das damals wohl kostspieligste Wasserbauprojekt der Welt. Das Deltaprojekt besteht aus 15 Dämmen und Sperrwerken, die einen lückenlosen Schutz gewähren sollen und die zum Teil sehr komplex sind. Allein das *Oosterschelde-Wehr* hat 62 Öffnungen, jede von ihnen ist 40 m breit. Bei normalem Wasserstand hat das Meer freien Zugang in die Mündungsarme der Flüsse Rhein, Maas und Schelde, nur in Sturmflutzeiten werden die Tore geschlossen. Die Oosterschelde ist ein beliebtes Überwinterungsquartier von Vögeln, auch die Seehunde fühlen sich dort sehr wohl.

PRINZ PILSJE UND DIE PARTY DES JAHRES

Wenn Königin Máxima vor Publikum oder Fernsehkameras tritt, herrscht in den Niederlanden kollektive Verzückung. Die aus Argentinien stammende Bürgerliche ist mit ihrer natürlichen Ausstrahlung schon seit den Anfängen ihrer Beziehung zu König Willem-Alexander rasend populär. Auch die drei strohblonden Prinzessinnen Amalia (geb. 2003), Alexia (geb. 2005) und Ariane (geb. 2007) sind gerne gesehen. All dies strahlt auch auf den Monarchen selber ab, der 2013 seine Mutter Beatrix als Staatsoberhaupt abgelöst hat.

Ursprünglich als partywütiger „Prinz Pilsje" verschrien, hat sich Willem-Alexander zu einem respektierten König mit der Aura eines Staatsmanns ge-

Wer den Sand hier aufgetürmt hat? Unklar. Seit dem 12. Jh. säumen Dünen die Nordseeküste

So typisch wie die Windmühlen und der Käse: Gewächshäuser und Tulpenfelder

mausert. So leistet auch er einen Beitrag dazu, die Stimmen der wenigen Antiroyalisten zu dämpfen. Die Frage, warum sich ein so bescheidenes Volk im 21. Jh. noch ein Königshaus leistet, spielt in der Öffentlichkeit daher eine untergeordnete Rolle. Die Antwort mag in der zusätzlichen Stabilität liegen, die eine konstitutionelle Monarchie dem Land verleiht. Vielleicht aber haben die Niederländer auch nur Angst, ihre favorisierte Party einzubüßen: Schließlich feiert das ganze Land am Königstag (27. April) ausgelassen.

DUNKLE FLECKEN

Ebenso wie andere Kolonialmächte kamen die Niederlande durch Ausbeutung und Sklaverei zu Reichtum. Um die zerrütteten Staatsfinanzen im 19. Jh. zu sanieren, führte man für die Kolonie Nederlands-Indië (heutiges Indonesien) das *cultuurstelsel* ein, ein Zwangsanbausystem für Kaffee, Tee, Tabak, Zimt und Indigo, dessen Ertrag zwischen 1830 und 1870 nach heutigem Wert ca. 375 Mio. Euro betrug. Mit diesem „Blutgeld" bauten die Niederländer Deiche sowie Schulen, senkten Steuern und begannen mit dem zügigen Ausbau der Infrastruktur ihres Landes. Erst 1862, 30 Jahre nachdem England die Sklaverei abgeschafft hatte, entschlossen sich auch die Niederlande zu diesem Schritt. Selbst nach dem Zweiten Weltkrieg führte das Land noch zwei Kriege in Indonesien, um dessen Unabhängigkeit zu verhindern. Der Freiheitskampf, der von 1945 bis 1949 dauerte, kostete rund 200 000 Indonesier das Leben.

UNTERM GLASDACHHIMMEL

Gewächshäuser sind in den Niederlanden allgegenwärtig: Insgesamt bedecken sie eine Fläche von etwa

10 000 ha. Vor allem im Westland, der Gegend zwischen Den Haag und Hoek van Holland, stehen die gläsernen Gebäude dicht an dicht. Unter der Glasdecke wachsen Gemüse, Obst und Zierpflanzen, von denen 80 Prozent exportiert werden. Damit die Pflanzen schneller wachsen, werden sie rund um die Uhr beleuchtet. In einigen Landstrichen wurde es dadurch kaum noch richtig dunkel, der Tages- und Nachtrhythmus von Wildpflanzen wurde gestört. Seither müssen die Züchter die Dächer nachts mit lichtundurchlässigen Planen abdecken.

REMBRANDT & CO.

Im Goldenen Zeitalter entstand ein reger bürgerlicher Kunstmarkt. Reiche Kaufleute verlangten nach Gemälden, die ihre Lebenswelt naturgetreu darstellen, aber auch moralische Botschaften enthalten sollten. Porträt-, Genre- und Landschaftsmalerei florierten. Die berühmtesten Vertreter waren Rembrandt van Rijn (1606–69), Jan Vermeer van Delft (1632–75), Jan Steen (1626–79) und Jacob van Ruisdael (1628–82). Markenzeichen der damaligen niederländischen Malerei ist ihr Realismus.

NATURSCHÄTZE

Unter den 20 niederländischen Nationalparks befinden sich auch einige Küstenregionen, wie die Kennemerduinen, der Biesbosch bei Dordrecht, das Wattenmeer und die Insel Schiermonnikoog. Außerdem gibt es viele kleinere Naturschutzgebiete, etwa Het Oerd im Osten Amelands, wo man auf über 50 Vogelarten trifft, das Sandge-

KLISCHEE KISTE

NIEDERLÄNDER FAHREN RAD – IMMER

Windstärke 9, der Regen peitscht und die Wellen der Nordsee kommen den Deichkronen bedenklich nahe – macht den Niederländern nichts aus, sie fahren wirklich immer Rad. Und sie schauen Besucher verstört an, wenn diese sich von unten bis oben in Funktionskleidung hüllen, nur um ein paar Kilometer dem Wetter zu trotzen. So hat es das Velo zum Verkehrsmittel Nummer 1 gebracht: 22,7 Mio. Räder stehen 17 Mio. Einwohnern gegenüber.

FALSCHE FREUNDE

Niederländisch und Deutsch sind sich so ähnlich. Oder? Wie Autor und Sprachprofi Reinhard Wolff weiß, trifft diese Annahme nicht ganz zu. Demnach begrüßte ein Busfahrer seine Fahrgäste mit der Ansage, jeden Tag 200 Menschen zu verführen. Der Gute war der Versuchung erlegen, den niederländischen Wortstamm ungeprüft ins Deutsche zu übertragen. Das Verb „vervoeren" hätte er mit „transportieren" übersetzen müssen. Die Liste vergleichbarer Sprachfallen ist lang, Fachleute nennen sie „falsche Freunde". Die sind übrigens auch in die andere Richtung keine Seltenheit. Der harmlose deutsche Satz „ich komme klar" bedeutet auf Niederländisch „ich habe einen Orgasmus".

biet Vliehors auf Vlieland oder De Muy auf Texel. Auch die meisten Dünengebiete stehen unter Naturschutz und dürfen nur mit Eintrittskarte betreten werden (im Tourismusbüro oder am Bahnhof erhältlich).

LANDGEWINN

Polder, eingedeichtes Grünland, das von schnurgeraden Wassergräben durchzogen ist, gibt es auf allen Inseln und hinter der Küste. Polderwiesen gelten als gute Viehweiden. Es waren Zisterziensermönche, die im 13. Jh. mit der Einpolderung von Land in Friesland und Zeeland begannen. Erst mit dem Einsatz von Windmühlen im 15. Jh., die das tief liegende Land leer pumpen konnten, wurde das Einpoldern effektiv. Ein besonders großer Polder entstand im südlichen IJsselmeer: der Flevoland-Polder.

PAVILLON-PLANET

Ein wichtiger Beitrag der Niederlande zur kulinarischen Kultur des Planeten sind die Strandpavillons. Ursprünglich bessere Imbissbuden, die für die Badesaison auf- und wieder abgebaut wurden, sind mittlerweile immer mehr Lokale ganzjährig geöffnet: 2017 wurden erstmals mehr permanente als Saisonpavillons gezählt. Auch das Niveau der Küche wird kontinuierlich besser: Ambitionierte Küchenchefs ersetzen frittierte Ware durch frischen Fisch, Meeresfrüchte und saisonale Spezialitäten. Während bei warmem Wetter windgeschützte Terrassen für Behagen sorgen, kehrt im Winter bei offenem Feuer und warmem Apfelkuchen *gezelligheid* ein, typisch niederländische Gemütlichkeit.

GLOBAL PLAYER

In Middelburg oder Hoorn, in Delft oder Haarlem – überall an der Küste wirst du auf Spuren der „Verenigde Oostindische Compagnie" (VOC) treffen. Gegründet 1602 in Amsterdam, hatte sie das alleinige Recht, einen Wirtschaftskrieg gegen Portugal und Spanien zu führen, eine Kriegsflotte und ein Heer zu unterhalten, eigene Münzen zu prägen und Verträge abzuschließen. Als die VOC am 31. Dezember 1799 formell aufgelöst wurde, stand ihr Name bezeichnenderweise für „vergaan onder corruptie", also „untergegangen durch die Korruption". Zwischen 1602 und 1799 fuhren insgesamt 622 000 Personen auf 4510 VOC-Schiffen nach Asien. Die Schwestergesellschaft, die „Westindische Compagnie" (WIC), trieb Handel mit Afrika und Amerika, war führend im Sklavenhandel und gründete Neu-Amsterdam, das heutige New York.

GEFLÜGELTE IKONEN

Mühlen wurden mit der Einpolderung von Land seit dem 15. Jh. wirtschaftlich eingesetzt. Von den ausgeklügelten Windmaschinen existieren noch etwa 980. Sie sind denkmalgeschützt. Die schönsten Ansammlungen sieht man in Kinderdijk, in Zaandam und in Schermer bei Alkmaar. Mit einer Flügelspannweite von 28 m treiben Windmühlen eine Schraubwinde an, die das Wasser aus Gräben in höher gelegene Kanäle hebt. Außer Poldermühlen gab es Getreide-, Öl- und Tabakmühlen.

SPIELWIESE FÜR ARCHITEKTEN

Die historischen Innenstädte der Niederlande scheinen wie aus der Zeit

Schluss mit saisonal: Immer mehr Strandpavillons bleiben rund ums Jahr geöffnet

gefallen, so authentisch wirken sie noch heute. Dennoch – oder deshalb – entwickelt sich das Land drumherum dynamisch und hat längst den Ruf einer Spielwiese für Architekten. Begonnen hat alles im frühen 20. Jh., als Baumeister wie H. P. Berlage nach neuen Ausdrucksformen suchten und sich daraus Projekte wie die Kubushäuser in Rotterdam von Piet Blom entwickelten. Der Monolith De Rotterdam an der Erasmusbrücke, entworfen von Rem Kohlhaas, ist eine ganze Stadt in der Vertikalen und das größte Multifunktionsgebäude der Niederlande. Andere Branchenstars wie das Büro MVRDV zeichnen für architektonische Landmarken wie die futuristische Markthalle in Rotterdam verantwortlich. Noch mehr Einblicke in Baukultur, Architektur und Städtebau bietet das *Nieuwe Instituut (hetnieuweinstituut.nl)* in Rotterdam.

FAHRRADAUTOBAHN
Das Fahrrad genießt in den Niederlanden als Verkehrsmittel bekanntlich einen hohen Stellenwert. Weil die Niederländer keine große Autolobby besitzen und zudem sehr pragmatisch handeln, haben sie in der jüngeren Vergangenheit eine neue Form der Infrastruktur geschaffen: den *fietssnelweg*. Auf den abgetrennten Wegen werden Kreuzungen mit Autostraßen so weit wie möglich vermieden, sollte dies jedoch unumgänglich sein, genießt der Radler Vorfahrt. Das sorgt für Sicherheit und Tempo. Schon jetzt existieren rund ein Dutzend Strecken dieser Radautobahnen, geplant ist ein dichtes Netz in allen Ballungszentren.

ESSEN
SHOPPEN
SPORT

Ein halbes Wagenrad für daheim? Käse hält die Urlaubserinnerung lange frisch

ESSEN & TRINKEN

Die Esskultur der Niederländer hat einen gewaltigen Sprung gemacht. Die neue Freude am Genießen beißt sich mit der Popularität des jungen Matjes nicht. Doch auch Fast-Food-Fans können sich beruhigt zurücklehnen, denn das berüchtigte „Essen aus der Mauer" gehört weiterhin zum Straßenbild.

NICHT OHNE MEINEN MATJES

Der junge Matjes, ein noch nicht geschlechtsreifer Hering, muss silbern glänzen und darf am Rückgrat nicht dunkelrot angelaufen sein. Darüber hinaus soll er fett und *lekker mals* (zart) sein. Er wird nach dem Fang an Bord gekehlt, so wie es sich seit dem 14. Jh. in den Niederlanden gehört, und roh verspeist. Jungen Hering gibt es nur in den Monaten Mai und Juni. Was in der übrigen Zeit als junger Hering verkauft wird, kommt meist aus der Tiefkühltruhe. Oft wird *nieuwe haring* nicht als

Hauptgericht, sondern als Snack an einem Straßenstand oder im Fischladen verspeist. Kenner fassen den Fisch beim Schwanz, legen den Kopf in den Nacken und beißen ab.

An der Küste stehen natürlich Fisch, Krabben, Muscheln und Austern auf vielen Speisekarten: Fischkutter gibt es auch, etwa auf Texel, in Scheveningen oder Zeeland. Als Alternative bieten sich simple Fischbuden an, die eine Auswahl an Meerestieren bereithalten. Besonders an den Stränden findest du die Fischläden, Hollands Beitrag zur Streetfood-Kultur. Hier bekommst du vor allem Frittiertes: Fischstäbchen, Muscheln, *lekkerbek* (ein in heißem Öl gebackenes Kabeljaufilet) mit einer respektablen Auswahl an Saucen.

APPETITHÄPPCHEN GEMISCHT

Eine Besonderheit sind die *borrelhapjes,* Häppchen, die man zwischendurch oder zum Aperitif isst: Dazu

Matjesfilet mit Roter Bete und Kirschen (li.) und *bitterballen* (re.)

zählen die frittierten *bitterballen* (knusprige Kugeln mit Fleischragoutfüllung), kleine Frühlingsrollen, Mini-Käsesoufflés oder sonstiges Fingerfood, deren Kombinationen sich als *bittergarnituur* unverminderter Popularität erfreuen. Spitzenreiter sind warme Fleischkroketten, die Furchtlose aus dem Automaten in der Wand ziehen. „Aus der Mauer essen" lautet der Fachbegriff.

AM KÄSE GEHT KEIN WEG VORBEI

Das Produkt, das die Bauern schon seit Jahrhunderten herstellen, fehlt weder mittags zwischen den Brotscheiben noch abends als Snack mit scharfem Senf beim Aperitif. Das macht man allerdings nur mit gewöhnlichem Gouda oder *boerenkaas*. Die Palette ist unendlich viel größer, von friesischem *nagelkaas* (mit Nelken) bis hin zum *komijnenkaas* (mit Kreuzkümmel).

DEFTIGE HAUSMANNSKOST

Galten die Niederlande bis in die 1980er-Jahre als Land, in dem so ziemlich alles in Frittierteig oder unter Mayonnaise versteckt wurde, so findet man nun an jeder Ecke ein internationales Restaurant mit guter Küche. Die niederländische Hausmannskost ähnelt der norddeutschen Küche, setzt aber häufiger auf eine Kombination aus herzhaft und süß, wie etwa bei Pfannkuchen mit Speck und Apfelsirup oder Hähnchen mit Pommes und Apfelmus.

ZUTATEN VON ZU HAUSE

Neuerdings wird auch wieder vermehrt auf die regionale Küche gesetzt: in Zeeland z. B., wo die Köche auf eine Kombination der Produkte vom Land und aus dem Wasser zurückgreifen. Basis der zeeländischen Regioküche sind Fisch, Garnelen, Muscheln, Algen, Austern, Geflügel, Lamm und Rindfleisch (Schafe und

rer, aber nicht minder beliebt, sind Restaurants, die regionale Produkte auf moderne Art zubereiten. Da findet man etwa Texeler Lamm mit Zitronenrisotto oder Röstkartoffeln mit Meerfenchel-Mayonnaise. Besonders beliebt sind asiatische Restaurants, vor allem chinesisch-indonesisch, auch indisch genannt. Dort wird nicht indisch, sondern ostasiatisch gekocht: Der Name leitet sich von der früheren holländischen Kolonie *Nederlands-Indië* ab.

PROST

Süßliche Massenbiere wie Heineken oder Amstel sind immer noch weit verbreitet, doch fast überall ergänzen Alternativen aus kleinen lokalen Brauereien die Produktpalette. Populär und schmackhaft sind *Jopen* (Haarlem), *Brouwerij 't IJ, De Prael* (beide Amsterdam) oder *Skuumkoppe* (Texel). Der lange Zeit als altbacken verschriene Genever wird im Zuge des Gin-Booms wieder populär, wobei v. a. der lang gereifte Wacholderschnaps kleiner Destillen wie *Van Wees* etwas für Kenner ist. Auch trinken die Niederländer immer mehr und immer besseren Wein, der neuerdings auch daheim angebaut wird. Die Fluggesellschaft KLM serviert in ihrer Business Class sogar die Tropfen von *De Kleine Schorre (dekleineschorre.nl)* aus Zeeland. Die Cuvées harmonieren perfekt mit den Delikatessen der Region. Ein wenig befremdet schauen Besucher stets bei zwei anderen Dauerbrennern: sowohl Milch als auch Buttermilch *(karnemelk)* trinken auch Erwachsene gerne zum Mittagessen.

INSIDER-TIPP
Pinot von der Nordseeküste

Niederländer mögen es entspannt: ein Café in Delft

Rinder fressen salzhaltiges Gras, ihr Fleisch ist daher von Natur aus etwas salzig). Aus schwarzen Johannisbeeren werden Fruchtwein, Marmelade und *Crème de Cassis de Zélande* gewonnen, aus biologischem Mehl das schmackhafte *vlegelbrood*. Eine Besonderheit sind die köstlichen Grünpflanzen *zeesla, zeewier, zeeaster* und *lamsoren*. Die Gemüse wachsen in den Dünen und schmecken deshalb nach Meer: frisch, knackig und leicht salzig.

Typisch in den Niederlanden sind die *eetcafés,* wo die Einheimischen in entspannter Atmosphäre essen und trinken. Es gibt mittlerweile mehr als 2500 *eetcafés*, und ihre Zahl steigt stetig. Teu-

Unsere Empfehlung heute

Vorspeisen

GARNALENKROKET
In heißem Öl gebackenes Kartoffel-
Crevetten-Gemisch

BITTERBALLEN
Frittierte Bällchen mit
Rinderragoutfüllung und Senf

OSSENWORST
Rindfleischwurst nach ursprünglich
jüdischer Rezeptur

ZEEUWSE OESTERN
Frische Austern von den Zuchtbetrieben
aus Zeeland

Hauptgerichte

HUTSPOT
Traditioneller Eintopf mit Rindfleisch,
Möhren, Zwiebeln und Kartoffeln

BOERENKOOL MET WORST
Eintopfgericht mit Grünkohl und
Kartoffeln; wird mit Wurst serviert

MOSSELEN MET FRIET
Muscheltopf mit Sud, knusprigen
Pommes Frites; nicht komplett ohne
Mayonnaise

PANNEKOEKEN
Herzhafte Pfannkuchen mit Käse und
Speck oder mit Apfelsirup *(stroop)*

GEBAKKEN SCHOL
Seezunge mit Mehl bestäubt, in Butter
gebraten und mit Zitrone beträufelt

Desserts

HAAGSE BLUF
Eierspeise mit Obst, Sirup und Likör

APPELTAART MET SLAGROOM
Apfelkuchen mit Sahne

POFFERTJES
Minipfannkuchen mit Puderzucker

Getränke

OUDE GENEVER
Gin-ähnlicher Wacholderschnaps

BEERENBURGER
Westfriesischer Kräuterschnaps auf
Geneverbasis

SHOPPEN & STÖBERN

Shoppen in den Niederlanden mit ihren vielen kleinen und individuellen Läden macht Spaß: Besonders beim Dutch Design, bei heimischer Mode und regionalen Spezialitäten ist das Angebot ziemlich verlockend.

GEBRAUCHSKUNST

Niederländisches Produktdesign erlebt derzeit einen internationalen Höhenflug. Die Objekte für Wohnung und Haushalt sind oft originell und unkonventionell. Zu den bekannten Namen gehören *Hella Jongerius*, *Marcel Wanders* und *Richard Hutten*. Zum Teil greifen die Designer auf alte Handwerkstraditionen zurück und verbinden etwa historische Motive mit modernen Formen. Günstig sind die Designküchengeräte der Firma *Royal VKB*, teure Unikate werden z. B. in der Rotterdamer *Vivid Galerie* (*Scheepmakershaven 17*) verkauft.

WETTBEWERBSFÄHIG BEI ZWIRN UND SCHUHWERK

Die Niederländer sind erfahrene Kaufleute. Da darf es nicht weiter wundern, dass sie auch am Modemarkt teilhaben möchten. Ketten wie *Scotch & Soda* oder *The Sting* sind ursprünglich niederländisch. Ausgefallene Schuhe kommen von *Floris van Bommel* oder *Sacha*. Lingerie liefert *Marlies Dekkers,* und auch das Billigsegment ist mit *Etam* oder *Zeeman* gut abgedeckt.

KÄSEKUGEL

Ein besonderes Mitbringsel ist Schafskäse von der Insel Texel. Die kugelige Delikatesse wird der großen Nachfrage wegen auch auf dem Festland imitiert – allerdings mit weniger Geschmack, wie Kenner behaupten. Echter, mit der Hand geformter *Schylger Käse* von Terschelling kommt als Mitbringsel zu Hause auch gut an. Zu altem und würzigem Käse wird in Hol-

Lakritz in süß bis heftig salzig (li.) und Emailsouvenirs mit echtem Nutzwert (re.)

land oft *appelstroop* serviert, ein süß-saurer Apfelsirup, der ebenfalls ein prima Mitbringsel abgibt.

HOCHPROZENTIGE HIGHLIGHTS

Das Angebot reicht vom *beerenburger* (Kräuterbitter aus Friesland) bis hin zu *kees boontje* (Schnaps von der Insel Texel). Ein Klassiker ist der Wacholderschnaps Genever, den es in den Varianten *oud* (alt) oder *jong* (jung) gibt. Mit der Lagerzeit hat das nichts zu tun. *Jonge genever* wurde erst nach dem Zweiten Weltkrieg erfunden und wird anders destilliert, wodurch er weniger Aroma hat, aber auch günstiger ist. *Zeer oude genever* hingegen wird mindestens ein Jahr gelagert, hat eine bräunliche Farbe und kann fast wie Whiskey schmecken.

SÜSSES UND SALZIGES

Fachgeschäfte für Süßwaren führen in den Niederlanden auch Lakritz, obwohl die erstaunlich salzig *(dubbelzout)* sein können. Vielfalt und Qualität sind nirgendwo höher, denn „drop" zählt bei unseren Nachbarn quasi zu den Grundnahrungsmitteln. Enorm populär sind auch die abgefahrenen Schokoladensorten von *Tony Chocolonely*. Was Backwaren betrifft, gibt den Ton nach wie vor die traditionelle *stroopwafel* an. Die mit Sirup gefüllte Waffel ist in der Pfanne aufgewärmt auch daheim unwiderstehlich.

INSIDER-TIPP
Heiß & klebrig!

HISTORISCHER WANDSCHMUCK

Wer ein bisschen sucht, kann in den Niederlanden vielerorts entzückende Antiquitäten finden. Wandkacheln etwa mit reizenden Motiven aus dem 17. Jh., aber auch Art-déco-Möbel z. B. oder Schiffskarten aus lange vergangenen Seefahrerzeiten gehören zu den Beständen einschlägig bekannter Händler.

SPORT

Die Niederlande sind eine sportbegeisterte Nation. Bei den Olympischen Winterspielen 2018 belegte das kleine Land Rang 5 im Medaillenspiegel, bei den Sommerspielen reichte es für Platz 11. Beste Voraussetzungen für einen bewegungsintensiven Aufenthalt.

Bei vielen Besuchern rangiert der Wassersport vorn. Die friesischen Seen und das Wattenmeer sind wahre Seglerparadiese. Und an der windigen Nordseeküste kannst du dich fast überall im Kitesurfen oder im Strandsegeln versuchen. Populär ist das Radfahren, das in diesem flachen Land nicht viel Anstrengung erfordert – solange der Wind aus der richtigen Richtung bläst!

DRACHEN STEIGEN LASSEN

An den langen Stränden mit ihrer ständigen Brise kannst du großartig Drachen steigen lassen. Das tun die Niederländer z. B. gern beim *Vliegerfestival (vliegerfeestscheveningen.nl/)* in Scheveningen am letzten Septemberwochenende. An manchen Stränden ist das Drachensteigenlassen im Sommer allerdings verboten, um andere Besucher nicht zu stören. Informationen dazu findest du auf Schildern am Strandeingang.

EISLAUF

Im Winter verfallen die Niederländer kollektiv ins Eisfieber. Die Gespräche drehen sich fast ausschließlich um die Dicke des Eises auf Flüssen und Kanälen oder die Temperaturen der kommenden Nächte. Kein Wunder, denn das Land ist von Kanälen durchzogen, die im Winter zum beinahe endlosen Eiswegenetz werden. Wer es richtig gut kann, trägt Klappschlittschuhe. Die Königsroute unter all den Touren ist die *Elfstedentocht (elfstedentocht. nl)*, ein Rennen über 200 km durch elf

Schon mal ein Plattbodenboot gesegelt? Heure für einen Törn bei der braunen Flotte an

friesische Städte. Der Startschuss zu dem Spektakel fällt nur, wenn das Eis die gut 16 000 Läuferinnen und Läufer auch wirklich zu tragen vermag. Das letzte dieser Rennen fand im Januar 1997 statt. Auch bei milden Wetter kannst du deine Bahnen ziehen: Öffentliche Eisschnelllaufhallen findest du unter *schaatsapp.nl.*

INLINESKATING

Vielerorts werden im Sommer abendliche Skatetouren organisiert. Mitmachen darf nur, wer die Bremstechnik beherrscht! Besonders beliebt ist die Provinz Flevoland, denn auf den neuen Poldern sind die Radwege in hervorragendem Zustand. Die Touristeninformation Flevoland hat sechs Landkarten für Tagestouren aufgelegt, darunter die *Fischertour* und die *Strandtour*. Wer in Friesland skaten möchte, kann sich an der eislosen Variante der *Elfstedentocht* versuchen. Infos unter *skatebond.nl*

KANUFAHREN

Mit ihren Kanälen, Flüssen und Seen eignen sich die Niederlande perfekt zum Kanufahren. Das beginnt in Städten wie Delft, Leiden, Alkmaar oder Haarlem, die allesamt wenig befahrene Wasserstraßen besitzen und die vom Boot aus betrachtet ganz neue Perspektiven eröffnen. Gute Kanu-Reviere sind auch die Nationalparks wie *De Biesbosch (np-debiesbosch.nl)* oder die friesische Seenplatte. Hier kannst du deine Ausdauer unter Beweis stellen, indem du die eigentlich für Eisschnellläufer kreierte Elfstädtetour mit dem Kanu nachfährst *(Route z. B. auf anwb.nl).* Die von Fans für Fans angelegte Webseite *Kanoweb (kanoweb.nl, nur auf Niederländisch)* führt eine ganze Reihe spannender Routen auf, die sich für Tagesausflüge wie auch für mehrtägige Exkursionen eignen. Hier gibt es auch ausführliche Informationen zu Verleihen in allen

Küstenprovinzen. Weitere Tourenvorschläge kannst du dir auf *kanoroutes.nl* ansehen, wo diese zum Teil auch auf Englisch beschrieben sind.

RADFAHREN

Die Niederlande sind ein Fahrradland par excellence, denn die platte Landschaft eignet sich wunderbar für entspanntes Radeln. Die meisten VVVs haben örtliche Routen ausgearbeitet und bieten Karten an. Alternativ helfen in den Städten die rot-weißen Schilder, auf dem Land die pilzförmigen Wegweiser. In jedem größeren Ort gibt es einen Fahrradverleih, zumeist am Bahnhof oder im Fahrradladen. Dort kannst du auch alle nötigen Extras mieten, von Regencapes bis zu Kinderanhängern *(fietsersbond.nl)*.
Alles zum Thema Fahrradtourismus, inklusive Tagestouren und einem Online-Fahrradroutenplaner, findest du unter *hollandfahrradland.de*.

SEGELN

In vielen friesischen Städtchen kannst du Boote mieten und damit auf den umliegenden Seen segeln. Aber unschlagbar schön und unvergesslich ist das ⭐ Inselhüpfen *(ab 29 Euro pro Pers./Überfahrt | Eilandhopper | Tel. 020 2614628 | eilandhopper.nl)* durch das Meer zwischen den Westfriesischen Inseln mit 100 Jahre alten Segelklippern. Hand anlegen wird bei den Wattentörns mit den typisch niederländischen Plattbodenbooten der *bruine vloot (ca. 30 Euro pro Pers./Tag | Historische Zeilvaart Harlingen | Zuiderhaven 59 | Tel. 0517 413242 | historischezeilvaart.nl)* erwartet, der „braunen Flotte", die wegen ihrer farbigen Segel so genannt wird. Anheuern kannst du in Harlingen, Hoorn, Enkhuizen oder einem anderen Ort auf dem Festland, von wo aus die Reise auf eine oder mehrere Watteninseln führt. Wer nicht segeln kann oder mag, muss aber deshalb nicht an Land bleiben: Beim Verleih *Ottenhome (ab 160 Euro pro Tag | ottenhomeheeg.nl)* in Heeg gibt es auch ohne Bootsführerschein Schaluppen und andere Wasserfahrzeuge.

SURFEN

Windsurfen ist auf den vielen Seen in Friesland, aber auch auf den Westfriesischen Inseln angesagt. Brett und Segel kannst du in allen größeren Badeorten mieten. An einigen Stellen ist die Nordsee ein Paradies für Wellensurfer.

INSIDER-TIPP
Ohne Strudel und Strömung

Unter Insidern besonders beliebt ist der Küstenabschnitt beim *Strandpavillon Timboektoe* bei Wijk aan Zee, wo die Strömung gering und Spaßgarant der verlässlich blasende Südwestwind ist. Auch der Strand beim szenigen Café-Restaurant *Beachclub Jamm Beach (April–Sept. | jamm-beach.nl)* in Ter Heijde und *Surf Zandvoort (surf zandvoort.nl)* sind beliebte Surfertreffpunkte. 🚩 *Dreams Surfschool (35 Euro für 2 Std. | Strandzugang Karel Doormanweg | Ter Heijde | dreamssurf school.nl)* bietet dort Gruppen- oder Einzelunterricht im Surfen und Kitesurfen an.

TAUCHEN

Zeeland ist ein Lieblingsziel für Sporttaucher. Interessierte können wählen, ob sie lieber in stillem Wasser, wie es z. B. das Grevelingen-Meer bietet, tauchen möchten oder in den von den Gezeiten abhängigen Orten in der Oosterschelde und in der Nordsee. Bei letzteren muss unbedingt auf Ebbe und Flut geachtet werden! Infos bei den Tauchzentren vor Ort. Tauchkurse bietet beispielsweise das *Duikcentrum De Kabbelaar (Scharendijke | Tel. 0111 67 19 13 | kabbelaar.com)* an.

WATTWANDERN

Ein ganz besonderes Erlebnis ist *wadlopen,* das ⭐ *Wattwandern* z. B. zwischen den Inseln Ameland und Schiermonnikoog. Der etwa vierstündige Fußmarsch beginnt am frühen Morgen in Pieterburen. Ein mit Karte, Kompass und Peilstock ausgerüsteter Führer geht der Kolonne immer vor.

Die ersten paar Meter watest du noch durch knöcheltiefen Schlick, schon bald sinkst du bis über die Knie in den Morast, später gar bis zur Brust. Die anstrengende Tour eignet sich nur für geübte Wanderer mit guter Kondition. Sie kann lebensgefährlich werden, wenn man sie ohne Führung unternimmt und sich mit den Gezeiten verrechnet! Eine frühzeitige Anmeldung ist empfehlenswert: *Stichting Wadloopcentrum Pieterburen (Tel. 0595 52 83 00 | wadlopen.com).* Das Wattenmeer kann auch von anderen Orten an der Küste aus wie Wierum, Blije, Noordpolderzijl und Uithuizen überquert werden. Außerdem gibt es Touren von Texel, Ameland und Schiermonnikoog zum Festland. Leichter sind Touren mit Start und Ziel auf dem Festland.

Flach, perfekte Wege, schöne Landschaft: Der 7. Fahrradhimmel liegt in den Niederlanden

DIE REGIONEN IM ÜBERBLICK

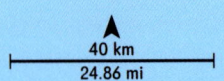

40 km
24.86 mi

Herrliche Inseln mit Dünen und Stränden im Wattenmeer

W

Den Helder

Schage

N o o r d z e e

Zaanstad

Haarlem

Leiden

Den Haag ('s-Gravenhage)

Gouda

Lek

Rotterdam

RANDSTAD S. 52

Dünn besiedeltes Inselreich mit herrlichen Stränden

Dordrecht

Zierikzee

Goes

ZEELAND S. 38

Oostburg

BELGIË

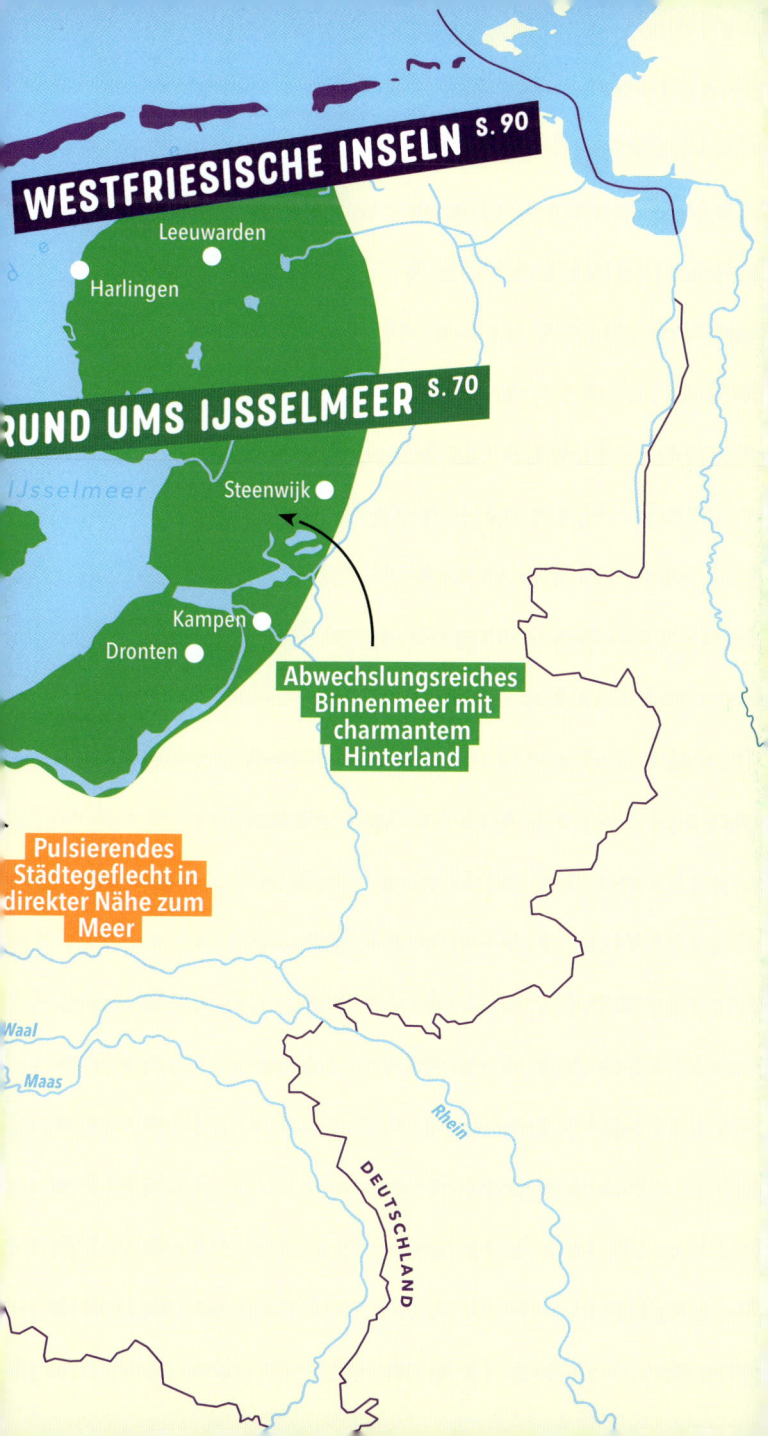

WESTFRIESISCHE INSELN S. 90

Leeuwarden

Harlingen

RUND UMS IJSSELMEER S. 70

IJsselmeer

Steenwijk

Kampen

Dronten

Abwechslungsreiches Binnenmeer mit charmantem Hinterland

Pulsierendes Städtegeflecht in direkter Nähe zum Meer

Waal

Maas

Rhein

DEUTSCHLAND

ZEELAND

SEHNSUCHT NACH STRAND UND MEER

Große Inseln, kleinere Inseln, Halbinseln und ein Stück Festland, die allesamt über ein System aus Deichen, Wehren, Brücken und Tunneln miteinander verbunden sind. So präsentiert sich Zeeland heute auf der Karte. Erst vor Ort aber werden die vielen Vorzüge der Provinz so richtig deutlich: Zeeland ist mit feinen Sandstränden gesegnet. Hinter den Schutzanlagen der Deltawerke breiten sich zudem Binnengewässer aus, die wie gemacht sind zum Segeln und Surfen. Und als wäre das noch

am Strand von Renesse

nicht genug, scheint verglichen mit allen anderen Regionen in den Niederlanden die Sonne hier am häufigsten.
Entzückende Städtchen wie Middelburg, Zierikzee oder Veere lassen die stolze Geschichte Zeelands lebendig werden. Nicht zuletzt ist die Provinz ziemlich dünn besiedelt – eine perfekte Mischung, um es sich hier richtig gutgehen zu lassen. Ach ja, das Essen ist auch toll: Wenn dich die Speisekarten mit frischem Fisch und Meerestieren an die Küche der Bretagne erinnern, liegst du damit nicht ganz falsch.

ZEELAND

Strand von Domburg

2 Domburg   **3** Oostkapelle

Vrouwenpolde

📍 **Slaapzand-Häuser ★**

Aagtekerke

Serooskerke

Veere ★ 4

Zanddi

Meliskerke

Grijpskerke

Middelburg ★
S. 42

Zoutelande

Koudekerke

🚗 8 km, 15 Min.

West-Souburg

Oost-Souburg

Ritthem

1 Vlissingen

5 km, 25 Min. 🚢

W e s t

N o o r d z e e

14 Breskens

Strand von Cadzand

13 Cadzand

Groede

Hoofdplaat

Retranchement

Schoondijke

Knokke

Bierv

Knokke-Heist

Oostburg

Waterlandkerkje

IJzendijke

Westkapelle

A11

18 Sluis ★   Z E E U W S V L A A N D E R E N

5 km
3.11 mi

Lapscheure

17 Aardenburg

Sint-Margriete

Watervliet

B E L G I E N

Wunderschön wiederhergestellt: Middelburgs „spätgotische" Abtei ist keine 100 Jahre alt

MIDDELBURG

(📖 A9) ⭐ **Middelburg (47 000 Ew.) ist die beschauliche Hauptstadt von Zeeland. Das mit allen Vorzügen des Goldenen Jahrhunderts bestückte Stadtbild spricht alle Sinne direkt an – ist aber ist nicht ganz so historisch, wie es scheint.**

Handel auf der Ostsee, aber auch Sklavenhandel, Kaperfahrt und Piraterie haben den Einwohnern von Middelburg schon früh großen Wohlstand gebracht, der sich in den Herrenhäusern jener Zeit spiegelt. Die Stadt überrascht mit stillen Gassen an den Grachten und mit herrlichen Profan- und Sakralbauten. Im 16. Jh. war sie einer der wichtigsten Sitze der Vereinigten Ostindischen Kompanie. 1940 aber brannte die Innenstadt nach einem deutschen Luftangriff fast vollständig ab. Anschließend wurde sie auf vorbildliche Weise wieder aufgebaut.

SIGHTSEEING

ABTEI (ONZE LIEVE VROUWE ABDIJ)

Der Backsteinkomplex aus dem 12. Jh. wurde im Zweiten Weltkrieg vollständig zerstört. Im spätgotischen Stil wiederaufgebaut, wird das Kloster heute wie eh und je vom 85 m hohen, achteckigen Turm *Lange Jan (Turmbesteigungen April–Juni und Sept.–Nov. Mo 13–16, Di–So 11–16 Uhr, Juni–Aug. tgl. 11–17 Uhr | Eintritt 4 Euro | lange janmiddelburg.nl)* überragt, sodass man sich ins Mittelalter zurückversetzt fühlt. Die Abtei beherbergt die Provinzverwaltung und das *Zeeuws Museum (Di–So 11–17 Uhr | Eintritt*

9,50 Euro, bis 18 Jahre frei | zeeuws museum.nl | ⏱ 1 h). Abdijplein

STADHUIS

Mehr als 550 Jahre hat das Rathaus schon auf dem Buckel. Die flämische Architektenfamilie Kelderman ließ es 1452–58 bauen. Es erinnert an das Rathaus von Brüssel und gilt als schönster Profanbau des Landes. An der Fassade erkennst du die Porträts der 25 Grafen und Gräfinnen von Zeeland. Im Zweiten Weltkrieg brannte auch das Stadhuis ab, wurde aber später wieder aufgebaut. Sehenswert ist der *Markt* auf dem Rathausplatz, der jeden Donnerstag (8–17 Uhr) abgehalten wird. *Lange Noordstraat 1*

VLEESHAL

Zeitgenössische Kunst auf internationalem Niveau in der alten Fleischmarkthalle. *Mi–Fr 13–17, Sa/So 11–17 Uhr | Eintritt frei | Helm 5 | vleeshal.nl | ⏱ 1 h*

MINI MUNDI 👤

Etwa 3 km südlich des Zentrums kannst du die Insel Walcheren im Schnelldurchgang erkunden: Hier stehen rund 200 Bauwerke im Maßstab 1:20. *Tgl. 10–19, im Winter bis 16 Uhr | Eintritt ab 3 Jahren 12,50, ab 13 Jahren 8,50 Euro | Zep Middelburg | Podium 35 | minimundi.nl*

ESSEN & TRINKEN

DE EETKAMER

Brasserie in historischer Umgebung mit guter französischer Küche. Experimentierfreudige wählen das *specialiteiten-* *menu.* An jedem ersten Donnerstag im Monat serviert die Küche ein Dreigängemenü für 29,50 Euro. *Di–Sa | Wagenaarstraat 13–15 | Tel. 0118 63 56 76 | eet kamermiddelburg.nl | €€€*

INSIDER-TIPP
Schlemmen zum Freundschaftspreis

DE GESPLETEN ARENT

Vom Seeteufel bis zu regionalem Hirschbraten zelebriert die Küche zeeländische Spezialitäten. Auch für Vegetarier. *Mi, So geschl. | Vlasmarkt 25–27 | Tel. 0118 63 61 22 | degespleten arent.nl | €€*

RUND UM MIDDELBURG

🔢 VLISSINGEN

8 km/15 min von Middelburg (Auto)

Ein mondäner Badeort der europäischen *beau monde* wie Zandvoort oder Domburg ist Vlissingen nie gewesen. Aber es hat immerhin den schönsten, längsten und sonnigsten Boulevard der Niederlande – direkt an der See mit vorgelagertem Sandstrand und dem wuchtigen *Gevangentoren*, dem Rest des alten Stadttors von 1563. Die seit dem Mittelalter befestigte Stadt (45 000 Ew.) an der 4 km breiten Scheldemündung ist mit ihren Häfen und einer Fischerei- und Seefahrtsschule die maritimste Stadt Zeelands. Auf der Reede kannst du mit einiger Sicherheit kapitale Schiffe bewundern.

INSIDER-TIPP
Langstrecke auf der Promenade

Das maritime Erlebniszentrum erstreckt sich rund um 🎯 *Het Arsenaal* *(im Sommer tgl. 10–19 Uhr, im Winter Mo/Di/Do geschl. | Eintritt 13,95 Euro | Arsenaalplein 1 | arsenaal.com |* ⏱ *2 h)* mit Unterwasserwelt, Cafés, Restaurants und einem Aussichtsturm. Am Nieuwendijk stellt das *Muzeeum (Di–So 10–17 Uhr | Eintritt 10 Euro, MK | Nieuwendijk 1 | muzeeum.nl |* ⏱ *1,5 h)* Schiffsmodelle, Karten und Meeresexponate aus. Vom Hafen Vlissingen fährt regelmäßig eine Fußgänger- und Fahrradfähre nach Breskens (Zeeuws Vlaanderen). 🕮 *A9*

2 DOMBURG

13 km/17 min von Middelburg (Auto)

Das älteste Seebad (2000 Ew.) des Landes zog um die Jahrhundertwende vom 19. zum 20. Jh. Maler wie Piet Mondrian an; Kaiserin Sisi und wohlhabende Bürger fanden sich zur Kur ein. Heute ist Domburg mit seinem schönen 🎋 Strand bodenständiger. Dem Ort halten in erster Linie deutschsprachige Besucher die Treue. Eine wunderbar sinnliche Wanderroute führt im Windschatten der Dünen durch den Wald nach Oostkapelle. Im historischen *Badpaviljoen (Badhuisweg 21 | Tel. 0118 58 24 05 | hetbadpaviljoen. nl)* erinnert ein schickes Restaurant an die glamourösen Anfangszeiten des Tourismus. 🕮 *A9*

INSIDER-TIPP
Der Duft des Nadelwalds

3 OOSTKAPELLE

12 km/15 min von Middelburg (Auto)

Ein herrliches Dünengebiet breitet sich nördlich zwischen Oostkapelle und dem zur Insel Neeltje Jans führenden Veersegatdam aus. Die ganze Gegend ist dank des breiten Sandstrands bevorzugte Anlaufstation für sonnenhungrige Badegäste. Oostkapelle (2500 Ew.) punktet außerdem mit einem schönen Dorfkern. 🕮 *A9*

4 VEERE ⭐

10 km/15 min von Middelburg (Auto)

Mit dem zierlichen Rathaus von 1470 als Blickfang ist das Städtchen Veere (1600 Ew.) eine veritable Schönheit. Die mächtige, wenn auch unvollendete Liebfrauenkirche aus dem 13. Jh. und die ebenso alten wie gepflegten Bürgerhäuser erinnern an die Blütezeit Veeres. Besonders entzückend sind am Kaai Nr. 25–27 die *schotse huizen Het Lammetje* und *De Struys,* die früher als Lagerhäuser der schottischen Wollhändler dienten. Um heutigen Generationen einen authentischen Einblick zu ermöglichen, wurden sie gemeinsam mit dem Rathaus zum *Museum Veere (April–Okt. tgl. 10–17, sonst Sa/So 13–17 Uhr | Eintritt 6,50 Euro | museumveere.nl |* ⏱ *1 h)* umfunktioniert. Im früheren Gerichtssaal *De vierschaar* scheint die Zeit still zu stehen.

Nur ein paar Schritte entfernt hat sich im erhaltenen Teil der alten Stadtmauer die ehemalige Stadtherberge *Campveerse Toren* behauptet. Die Gäste des gleichnamigen *Restaurants (tgl. | Kaai 2 | Tel. 0118 50 12 91 | campveeretoren. nl | €€–€€€)* können in ehrwürdigem Ambiente speisen und – falls sie einen Tisch auf der Terrasse ergattern – den Touristentrubel aus sicherer Distanz beäugen. Der frühere Fischereihafen von

Das bezaubernde Veere zieht mit seiner Backsteingotik die Besucher in Scharen an

Veere ist nun ein belebter Yachthafen. Wer Zeit mitbringt, kann Veere als Ausgangspunkt für ausgedehnte Radtouren nutzen – z. B. über die Halbinsel Walcheren nach Vrouwenpolder und Serooskerke, wo eine schöne Mühle auf dich wartet. *A9*

5 DELTAPARK NEELTJE JANS

22 km/25 min von Middelburg (Auto)
Nachdem 1853 weite Teile von Zeeland überflutet wurden, haben die Niederländer mit dem Bau der Deltawerke reagiert. Dazu gehört inmitten eines Sturmflutwehrs auch die künstliche Insel Neeltje Jans, wo du dich näher mit dem Thema auseinandersetzen kannst. Die Ausstellung zum Deltaprojekt ist teils Dokumentationszentrum und teils Vergnügungspark. Zum Komplex gehören eine Seehundsta-

tion, eine Wasserrutsche, ein riesiger Wasserspielplatz, eine Ausstellung mit Walfischskeletten, ein 3-D-Kino und ein Orkansimulator. *Im Sommer tgl. 10–17.30, Juli/Aug. bis 18 Uhr, im Winter nur am Wochenende und während der niederl. Schulferien geöffnet | Eintritt 23 Euro, im Winter günstiger, bei Onlinetickets gibt's Rabatt von bis zu 4 Euro | neeltjejans.nl | 4 h | B8–9*

6 BURGH-HAAMSTEDE

30 km/30 min von Middelburg (Auto)
Zwischen Burg-Haamstede und Renesse auf der Insel Schouwen-Duiveland erstreckt sich ein breiter Dünengürtel *(Het Zeepe* und *Verklikkerduinen)* mit dem bekannten Badestrand *Kop van Schouwen* – breitester Nordseestrand von Zeeland. Burgh-Haamstede (4700 Ew.) und das benachbarte

Renesse begeistern zwar nicht unbedingt mit reizvollen Ortskernen, das aber kann ihrem Status als beliebte Urlaubsziele nichts anhaben. Perfekt zum Wandern eignet sich *Het Zeepe*, ein 337 ha großes Naturreservat mit einem dichten Netz an Wanderwegen. *Slot Haamstede (Noordstraat 45a)* aus dem 13. Jh. und der dazugehörige Schlosswald sind bei Veranstaltungen zugänglich. Lecker essen kannst du bei *De Torenhoeve (Torenweg 38 | Tel. 0111 65 13 00 | torenhoeve.nl | €€)*, einem ehemaligen Bauernhof, nicht weit vom Meer entfernt und ruhig gelegen. ▢ *B8*

7 RENESSE
35 km/35 min von Middelburg (Auto)
Renesse (1500 Ew.) mag im Winter ein beschauliches Dorf sein. Zwischen Ostern und Oktober aber verwandelt es sich in ein ⚘ Strandbad mit allen erdenklichen Freizeitaktivitäten und deren Auswüchsen. Der Ort steht traditionell bei Schulklassen und Jugendclubs vor allem aus Deutschland weit oben auf der Liste bevorzugter Ziele, woran bislang auch die rasant wachsende Zahl von Junggesellenabschieden nichts geändert hat. Entsprechend laut kann es an lauen Abenden rund um die *Sint Jacobskerk* zugehen. Andere Lärmquellen hingegen konnten mit mehr Erfolg aus dem Dorf verbannt werden: Das *Recreatie-Transferium* bietet Platz für 900 Autos. Von dort geht's mit einem elektrischen Shuttle, auf Leihrädern oder an Bord von mit Disneymotiven verzierten Elektrozügen zum Strand und in die Dünen. Sowohl das Parken als auch

Sorgte einst für das tägliche Brot seiner wohlhabenden Bürger: Zierikzees Getreidemühle

der Transport sind in der Regel kostenlos, bei Unklarheiten geben nette Stewards bereitwillig Auskunft. Das *Transferium* ist die erste einer Reihe von Maßnahmen, die den Erhalt von Polderlandschaft und umliegender Natur auch im Zeitalter des Massentourismus gewährleisten sollen.

Eine schöne Fahrradroute führt vom östlichen Ortsrand durch die Dünen zum breitesten Strandabschnitt *Het Punt*, wo sich bei Ebbe nicht selten Seehunde blicken lassen. Zurück geht es durch das Naturschutzgebiet *De Vroongronden*. 𝄢 *B8*

8 BROUWERSHAVEN

40 km/40 min von Middelburg (Auto)

Bei einem Abstecher nach Brouwershaven warten vielfältige Belohnungen: Das auf Schouwen-Duiveland gelegene Hafenstädtchen zählt 1400 Ew. und gehört zu den beliebten Wassersportorten Zeelands. Dafür sorgt der abgeschlossene Grevelingen-Meerarm, ein populäres Angel- und Segelrevier; Boote werden hier reichlich vermietet. Das Sumpfgebiet von Flakee ist Brutrevier für Wasservögel. Im Ort selbst verdienen die Hallenkirche und das Renaissance-Rathaus von 1599 neugierige Blicke. 𝄢 *B8*

9 ZIERIKZEE ★

43 km/45 min von Middelburg (Auto)

Das abgelegene Städtchen Zierikzee (10 000 Ew.) war einst enorm wohlhabend. Das zeigt noch heute die denkmalgeschützte Altstadt, wo das *Rathaus* mit dem hölzernen, verschnörkelten Glockenturm alle Blicke auf sich zieht. Ähnlich große Neugier ruft der seltsam

unvollendet scheinende *Sint Lievens Monstertoren (Di–Sa 10–17 Uhr | 4 Euro)* hervor. Tatsächlich planten die Stadtväter im 15. Jh. bis in kaum vorstellbare 130 m Höhe zu bauen, doch als ihnen das Geld ausging, wurde er nie vollendet. Wer die 62 m hinaufklettert, sieht das mittelalterliche Städtchen und die Inseln Zeelands aus der Vogelperspektive. Weitere wichtige Sehenswürdigkeiten in der kleinen, verträumten Stadt sind: *Noord- und Zuiderpoort,* Stadttore des 14. und 15. Jhs., das gotische *Burgerweeshuis* und der *Vismarkt*. Im Oude Haven befindet sich der *Museumshafen (April–Sept. Di–Sa 13–16.30 Uhr | Eintritt frei, Spende willkommen | Vissersdijk 2 | museumhavenzeeland.nl)* mit historischen Schiffen. Gegenüber in der *Stadtwerft* werden diese vor den Augen der Passanten auf Vordermann gebracht. Das *Schuddebeurs (Donkereweg 35 | Tel. 0111 41 56 51 | schuddebeurs.nl | €€)* ist ein romantisch gelegenes Hotel mit gemütlichem Restaurant, in dem französische Küche serviert wird. 𝄢 *B8–9*

INSIDER-TIPP
Zeeland von oben

10 YERSEKE

37 km/40 min von Middelburg (Auto)

Das Dorf der Muschelbauern und Austernbarone (6500 Ew.) mag auf den ersten Blick nicht besonders attraktiv sein. Doch schau bei den Fischrestaurants rein und du weißt, wie dein Abstecher zum Erlebnis werden kann: Am besten sind *Oesterbeurs (Mi–So | Wijngaardstraat 2 | Tel. 0113 57 22 11 | oesterbeurs.nl | €€€)* – mit Spezialitäten von Seezunge über Jakobsmuscheln bis hin zu Hummer – und das *Nolet's Vistro (tgl. | Burgemeester Sinkelaan 6 | Tel. 0113 57 21 01 | vistro.nl | €€–€€€)*. Zum Repertoire zählen auch hier Fisch- und Muschelgerichte, unangefochtener Klassiker des Hauses ist die Hummersuppe. ☐ B9

11 GOES

28 km/30 min von Middelburg (Auto)
Zu einem Wirtschaftszentrum auf der ehemaligen Insel Südbeveland hat sich diese beschauliche Kleinstadt (27 000 Ew.) entwickelt. Richtig hübsch zeigt sich der historische Marktplatz – vor allem am Dienstag und Samstag *(9–16 Uhr)*, wenn Wochenmarkt ist. Interessant sind auch das gotische *Rathaus*, das *Gotische Haus* in der Turfkade und die turmlose *Kreuzbasilika* im Stil der Brabanter Gotik. Im ehemaligen Waisenhaus (15. Jh.) hat sich das *Historisch Museum De Bevelanden (Mo–Fr 11–17, Sa/So 13–17 Uhr | Eintritt 10 Euro | Singelstraat 13 | hmdb.nl)* einquartiert, das u. a. die Trachten der Region präsentiert. Zeeländische Spezialitäten stehen auf der Karte des *Binnenhof (Do–Mo 18–21 Uhr | De Bocht van Guinea 6 | Tel. 0113 22 74 05 | restaurant hetbinnenhof.nl | €€€)*. Souvenirs und kulinarische Spezialitäten aus Zeeland, von Bier bis Pralinen, gibt es bei *Zeeuwse Producten (Di, Do, Fr/Sa 11–17 Uhr | Kreukelmarkt 12 | zeeuwse-producten.nl)*. ☐ B9

12 BORSSELE

19 km/15 min von Middelburg (Auto)
Ein Dorf mit geometrischem Straßenplan? Das finden Architekturfans südöstlich von Middelburg. Borssele aber weiß auch mit alten Bauernhäusern zu entzücken, weshalb es komplett unter Denkmalschutz steht. Hier wachsen außerdem 75 Prozent aller schwarzen Johannisbeeren Hollands.

INSIDER-TIPP
Wie von Oma gemacht

Hausgemachte Beerenmarmelade wie bei Großmuttern verkauft *'t Siepje (Beeldhoeveweg 2 | Do–Sa 10–16 Uhr)* im 3 km entfernten Ort 's-Heerenhoek. ☐ B9

ZEEUWS VLAANDEREN

(☐ A–C10) **Am anderen Ufer der Schelde und angrenzend an Flandern liegt die fruchtbare Polderlandschaft Zeeuws Vlaanderen – ein oft übersehenes Stück Bilderbuch-Niederlande, das ganz ohne Touristenströme auskommt.**

Den flämischen Teil der Niederlande erreichst du von Zuid-Beveland aus per Auto durch den Westerschelde-Tunnel *(5 Euro)*. Hier, im südlichsten Teil der Region, ist es wesentlich ruhiger als im restlichen Zeeland. Der Landstrich mit seinem 11 km langen Nordseestrand ist ein einziges Idyll mit mehreren Naturschutzgebieten – De Zwarte Polder, Het Verdronken Land van Saeftinghe, Het Zwin –, die jeden Outdoorfan ins Schwärmen bringen. Durch die Landschaft führen Radwanderwege, Fahrräder kannst du in allen Orten mieten. Die Routen führen an Windmühlen und verträumten Kanälen vorbei. An der

Küste weht dir verlässlich ein strammer Wind um die Nase.

Ganz im Süden ist das Grenzgebiet nahe Brügge, Gent und der belgischen Küste (siehe auch MARCO POLO „Flandern") mit den Orten Sluis, Hulst und Aardenburg vor allem kulturhistorisch interessant. Auch die Hafenstadt Terneuzen (Nummer drei unter den Häfen der Niederlande), lohnt einen Besuch.

ZIELE IN ZEEUWS VLAANDEREN

13 CADZAND

Noch nie einen prähistorischen Haifischzahn gefunden? Dann ab nach Cadzand! Am 🏖 Strand dieses familiären Ferienorts mit 1200 Einwohnern sind die eher dunklen als strahlendweißen Fundstücke keine Seltenheit. Der Ort selbst besteht aus den Ortsteilen Cadzand-Bad und Cadzand-Dorp. Im Letzeren verweisen einige historische Gebäude und die frühgotische Kirche auf eine lange Geschichte. Im 13. Jh. war Cadzand noch eine Insel. Das Beste aber ist der herrliche Strand. Außerdem ist der Ort ein guter Ausgangspunkt für Radtouren. 🗺 A10

14 BRESKENS

Der überschaubare Ort (4500 Ew.) eignet sich bestens, um Ozeanriesen zu beobachten. Diese kommen entweder aus dem Hafen von Antwerpen oder sie ziehen an der Scheldemündung in Richtung Rotterdam vorbei. Strände, Dünen und weitläufige Boulevards sind weitere Garanten für Stunden des Müßiggangs und der Zerstreuung. Eine kleine Personenfähre setzt über

RADELN MIT KNOTENPUNKTEN

Radeln ist in den Niederlanden ein Vergnügen. Fast alle Wege sind flach und von der Straße abgetrennt. Nur der Wind kommt immer von vorne. Die Orte sind bestens mit weißroten Schildern markiert, deren Produzenten es allerdings mit den Kilometerangaben nicht immer so genau genommen haben. Noch mehr Orientierung bietet das landesweite Netz aus Fahrrad-Knotenpunkten, die sich an Kreuzungen oder Abzweigungen befinden. Auf einer Radtour kannst du so auch ohne Smartphone zum Ziel gelangen – einfach von einem Knotenpunkt zum nächsten radeln, indem du immer den grün nummerierten Routenschildern folgst. Jeder Knotenpunkt hat eine Nummer und vor Ort ein Infoschild mit detaillierter Umgebungskarte. Auch die Distanz zum nächsten Knotenpunkt wird hier angegeben. In Radführern steht bei jeder Tour eine Liste der Knotenpunktnummern, denen man folgen soll – mehr braucht es nicht, um den Weg zu finden. Und regnet es einmal, lässt sich die Tour mit Hilfe der Knotenpunkte problemlos abkürzen. Mehr Infos und einen Webshop mit Routenkarten unter *hollandfahrradland.de*

nach Vlissingen. Das kleine *Fischerei-museum (April–Nov. Di–Sa 10–17, Juli/Aug. tgl. 10–17 Uhr | Eintritt 4,50 Euro | Kaai 1–103 | museumbreskens.nl |* ⏱ *45 min)* organisiert allerlei Aktivitäten, von Strandfischen mit Zugpferden bis Fischräuchern auf dem Kutter. Details auf der Homepage. 🗺 *A9*

15 TERNEUZEN

In der Hafenstadt (55 000 Ew.) dreht sich alles um die Schifffahrt. Kein Wunder, liegt der Ort nicht nur an der Westerschelde, sondern auch am Eingang des Kanals, der nach Gent führt. Vom großen Schleusenkomplex, dem *Portaal van Vlaanderen*, kann man den Schleppern zuschauen, wie sie die schweren Kähne durch die Schleusen lotsen. Aber auch vom Scheldeboulevard hast du eine hübsche Aussicht auf das Geschehen im Hafen. 🗺 *B10*

16 HULST

Die Festungs- und Handelsstadt (10 000 Ew.) südlich der Westerschelde wird von einem 3,5 km langen *Stadtwall* mit vier Toren umschlossen. Die wuchtige *Willibrordus-Basilika* im Stil der Brabanter Gotik beherrscht das Stadtbild, typisch niederländische Impressionen verspricht ein Besuch des Mühlenbollwerks *De Stadsmolen (So 13–17 Uhr u. n. Absprache | Tel. 0114 31 52 21)*. Das nordöstlich gelegene, 35 km² große *Verdronken Land van Saeftinghe* ist als Naturschutzgebiet einmalig in Europa. Entstanden ist es, als ehemals fruchtbare Polder zwischen dem 14. und 16. Jh. Sturmfluten zum Opfer fielen. Seither wachsen dort seltene Pflanzenarten und

brüten Küstenvögel. Besuchen kannst du das Gebiet mit Führungen, die regelmäßig vom *Besucherzentrum (Mai-Okt. 13–17 Uhr | 8 Euro, nur Barzahlung, für Kleinkinder ungeeignet | Emmaweg 4 | Tel. 0114 63 31 10 |* ⏱ *3 h)* organisiert werden. 🗺 *B10*

17 AARDENBURG

Aardenburg (2500 Ew.) ist die perfekte Kulisse für eine Kutschfahrt in die Vergangenheit. Den Ort, der im Mittelalter wegen seiner vermeintlich wundertätigen, 1572 zerstörten Marienstatute Ziel von Pilgern war, kannten schon die Römer. Heute scheint die Zeit im 17. Jh. stehen geblieben zu sein, Reste der alten Stadtmauer sind noch erhalten *(Führungen Mai–Sept.)*. Für Liebhaber: Das Restaurant *In den Wijngaard (Mi-So ab 11 Uhr | Smedekensbrugge 34 | Tel. 0117 49 12 36 | indenwijngaard.eu |* €€) hat eine eigene Schneckenzucht. Auch im eigenen Laden werden Schneckenprodukte verkauft. 🗺 *A10*

18 SLUIS ⭐

Die Festungsstadt (2400 Ew.) mit einer vielfältigen Geschichte war einst der Vorhafen von Brügge. Während des Zweiten Weltkriegs wurde Sluis zu 80 % zerstört, doch nun ist es vollkommen restauriert. Als einzige niederländische Stadt besitzt Sluis einen schönen *Belfried*, also einen Stadtturm flämischer Art mit vier Ecktürmchen. Das angrenzende *Rathaus* kann nur während der Sommersaison *(tgl. 10–12 u. 13–17 Uhr)* besichtigt werden. Heute gilt Sluis als Schlemmerkapitale der Niederlande. In den Restaurants üben die flämische und die fran-

Der Seeadler geht im *Verdronken Land van Saeftinghe* ungestört seinem Tagesgeschäft nach

zösische Küche einen deutlichen Einfluss aus. Das wohl beste Lokal heißt *La Trinité (Fr–Di | Kaai 11 | Tel. 0117 46 20 40 | latrinite.nl | €€€)* und ist mit einem Michelin-Stern dekoriert.

Gourmets können sich hier montags für 60 Euro an einem Dreigangmenü mit Weinbegleitung erfreuen. Empfehlenswert auch die *Gasterij Balmoral (tgl. | Kaai 16 | Tel. 0117 46 14 98 | balmoralsluis.nl | €€)* mit ihren Fischspezialitäten sowie *De Schaapskooi (Mi–So | Zuiderbruggeweg 23 | Tel. 0117 49 16 00 | de schaapskooi.nl | €€)*.

Direkt an der belgischen Grenze liegt mit *Sint Anna ter Muiden* ein malerisches Bauerndorf mit mächtigem backsteinernen Kirchturm aus dem Mittelalter. Von hier aus geht's auf dem Landweg in das ebenso einsam gelegene wie großartige Naturschutzgebiet *Het Zwin* an der flämischen Nordseeküste. ☐ *A10*

SCHÖNER SCHLAFEN IN ZEELAND

AM STRAND SCHLUMMERN

Eine Nacht am Strand ist der Traum vieler Urlauber. Die zweckmäßig eingerichteten und mit einer kleinen Terrasse ausgestatten ★ *Slaapzand-Häuschen (20 Häuschen | Mitte März–Anfang Nov. | Schelpweg 17 a, Parkplatz | Tel. 0654 77 78 52 | slaapzand.nl | €€)* in Domburg stehen mitten im Sand und erlauben einen Aufenthalt mit direktem Blick aufs Meer. Wunderbar!

RANDSTAD

GROSSE KONTRASTE AUF KLEINEM RAUM

Den Ballungsraum zwischen Haarlem, Den Haag, Rotterdam, Utrecht und Amsterdam nennen die Niederländer *Randstad*. Kaum eine andere Region in Europa wird so dicht besiedelt sein. Gleichzeitig aber weist kein Landstrich eine vergleichbare Vielfalt auf: Der Regierungssitz Den Haag ist eine lebendige Metropole, die mit Scheveningen und Kijkduin gleich zwei Seebäder besitzt. Nur einen Steinwurf entfernt ragt die Skyline der energiegeladenen Hafenstadt Rotterdam in den Himmel.

Bilderbuch-Holland im alten Hafen von Leiden

Kleinstädte wie Delft, Leiden und Dordrecht verbinden den Charme längst vergangener Jahrhunderte mit allen Annehmlichkeiten der Gegenwart. Sobald die Küste in Sicht kommt, offenbaren sich ganz andere Qualitäten: Jenseits der Dünen breiten sich endlose Sandstrände aus, wodurch die Zivilisation bald in Vergessenheit gerät. Besonders offensichtlich ist das in Naturreservaten wie Meijendel, wo sich die Küstenlinie noch fast so unberührt wie vor Jahrhunderten präsentiert.

RANDSTAD

MARCO POLO HIGHLIGHTS

★ **MAURITSHUIS**
Rembrandt, Vermeer & Co.: welt-
berühmte Gemälde in einem
prachtvollen Haus ➤ S. 57

★ **DELFT**
Eine Stadt, die seit dem Goldenen
Zeitalter nahezu unverändert ist
➤ S. 61

★ **KEUKENHOF**
Arena der Superlative mit der größten
Blumenschau der Welt ➤ S. 63

★ **MUSEUM VOORLINDEN**
Unterhaltsame Gegenwartskunst im
prächtigen Schlosspark ➤ S. 60

★ **HAFENRUNDFAHRT**
Abenteuerspielplatz Welthafen: Das „Tor
zum Kontinent" in Rotterdam ➤ S. 66

★ **HET NATUURHISTORISCH**
Skurrile Sammlung ausgestopfter Tiere
in Rotterdam ➤ S. 66

No o r d z e e

Strand von
Meijendel

Mauritshuis ★

Strand von Kijkduin

**Den
Haag**
S. 56

15 km, 3 Std.

22 km, 5 Std.

Monster

Wateringen

's-Gravenzande

Naaldwijk

7 Hoek van Holland

De Lier

A20

Maasslui

A15

Oostvoorne

Brielle

Rozenburg

Zwartewaal

Rockanje

Geervlie

Abbenbroek

Hellevoetsluis

Goedereede

Simonshaven

Ouddorp

Stellendam

Piershil

Haringvliet

Melissant

Middelharnis

Greveling

Dirksland

ZEELAND

5 km
3.11 mi

Brouwershaven

Den Bomme

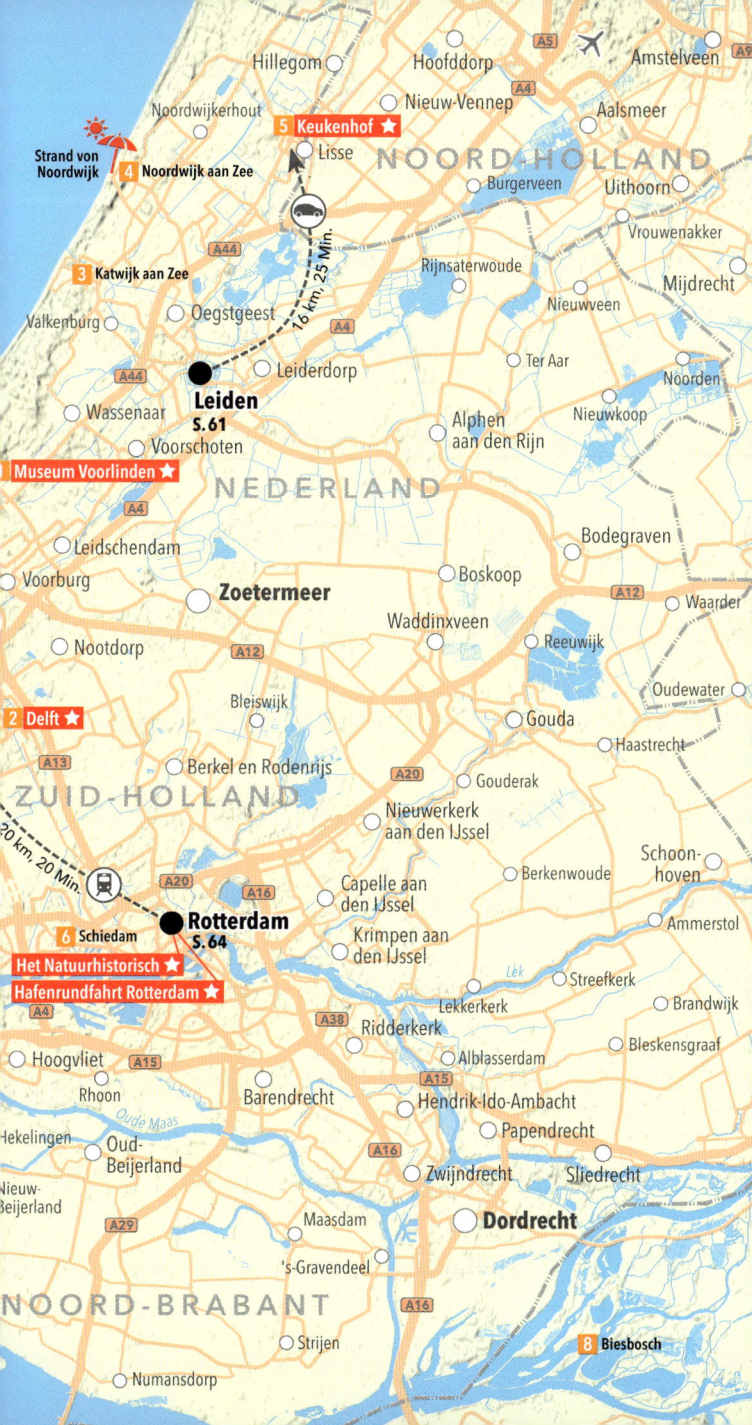

DEN HAAG

(🗺 C7) **Als Sitz der niederländischen Regierung und des Königshauses galt Den Haag (525 000 Ew.) ziemlich lange als verschlafen. Doch dieses Image ist inzwischen Vergangenheit: Die Stadt punktet mit einer vielfältigen Gastroszene, lebendigen Einkaufsvierteln und herzzerreißend schönen Straßenzügen.**

WOHIN ZUERST?

Binnenhof: Der weitläufige Gebäudekomplex liegt im Zentrum. Gleich um die Ecke finden sich das *Mauritshuis*, die Prachtstraße *Lange Voorhout* mit dem *Escher-Museum*, *Paleis Noordeinde* und der *Grote Kerk*. Die nächste Straßenbahnstation heißt *Centrum (Tram 1, 16)*. Parken kannst du in der *Pleingarage (Plein 25)*.

Strahlender Mittelpunkt der Stadt ist der Hofvijver. Neben diesem Weiher breiten sich mit dem Binnenhof und dem Mauritshuis das Parlament und ein Kunstmuseum von Weltrang aus. Dahinter zeigt sich das moderne Den Haag mit den Wolkenkratzern des Spuikwartier. Weitläufige Parks und der modernisierte Boulevard des Seebads Scheveningen runden das Bild ab. Etwas beschaulicher geht es am Strand des familienfreundlichen Kijkduin zu, Den Haags zweitem Seebad.

SIGHTSEEING

BINNENHOF

Politisches Zentrum der Niederlande und Sitz der Ersten und Zweiten Kammer des Parlaments. Rund um den entzückenden Innenhof, der dem Komplex seinen Namen gibt, scharen sich historische Regierungs- und Gerichtsgebäude, die bis ins 13. Jh. zurückgehen. Das Besucherzentrum organisiert Führungen durch die Parlamentssäle und den his-

torischen Rittersaal. Für deutschsprachige Gäste gibt es Audioguides. *Mo–Sa 10–16 Uhr | Eintritt 5,50–11 Euro | Binnenhof 8a | prodemos.nl |* ⏱ *1,5 h |* 🗺 *d5–6*

MAURITSHUIS ⭐

Im Gebäude des 17. Jhs. ist die königliche Gemäldegalerie mit berühmten Bildern von Vermeer, Jan Steen, Frans Hals und anderen Malern des Goldenen Zeitalters untergebracht. Unbe-

strittenes Highlight ist neben Rembrandts Autopsiegemälde „Die Anatomie des Dr. Tulp" Vermeers „Mädchen mit dem Perlenohrring". *Mo 13–18, Di/Mi u. Fr–So 10–18, Do 10–20 Uhr | Eintritt 15,50 Euro, MK | Korte Vijverberg 8 | mauritshuis.nl |* ⏱ *3 h |* 🗺 *d5*

ESCHER IN HET PALEIS

Das alte Palais an einer der schönsten Alleen des Landes birgt ein Museum

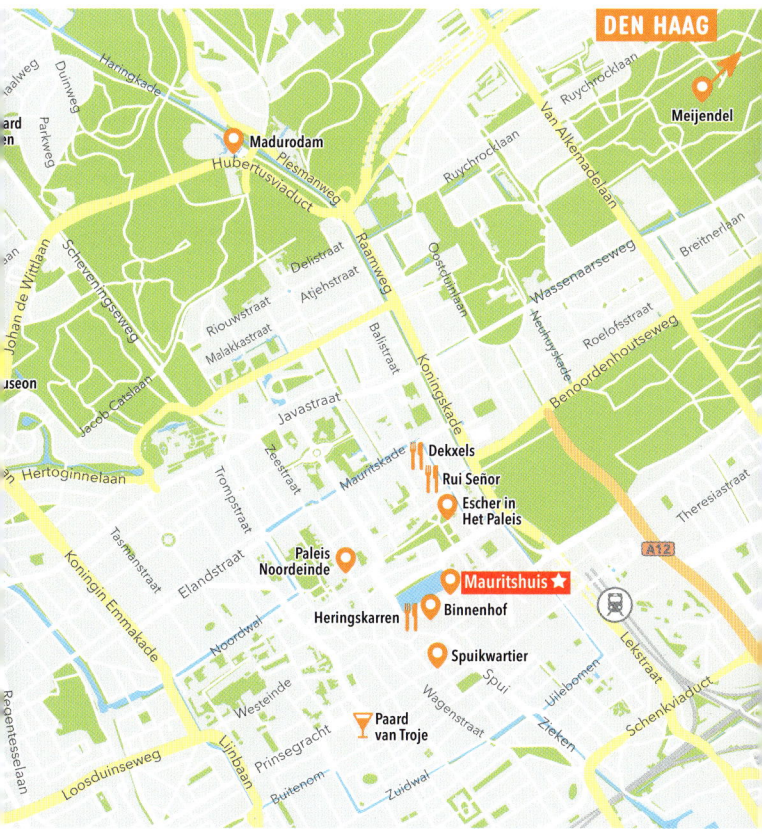

mit Werken von M. C. Escher. <mark>Der Grafiker stellt Wahrnehmung und Raumgefühl mit verwirrenden Motiven von Fluggänsen oder Fischen auf die Probe.</mark> *Di–So 11–17 Uhr | Eintritt 9,50 Euro | Lange Voorhout 74 | escherinhetpaleis.nl | ⏱ 1,5 h | 🗺 e5*

INSIDER-TIPP
Pionier der Perspektiven

SPUIKWARTIER

Beim Hauptbahnhof ist in den vergangenen Jahren ein postmodernes Hochhaus nach dem anderen aus dem Boden geschossen. Ein Muss für Architekturliebhaber ist das Spuikwartier: Wie eine riesige Kathedrale thront das Hochhaus *Castalia* inmitten des Viertels, umgeben von Bauten internationaler Architekten wie Rob Krier, Richard Meier und Cesar Pelli. *🗺 e6*

PALEIS NOORDEINDE

Der Palast ist die Arbeitsresidenz König Willem-Alexanders. Das neoklassizistische Schloss wurde 1553 gebaut. Hinter dem Gebäude befindet sich ein weitläufiger Park, der – anders als die Diensträume des Königs – zugänglich ist. *Noordeinde 68 | 🗺 d5*

MUSEON 🎭

Flugsaurier und andere nicht alltägliche Wunder dieser Welt lernen die Besucher in diesem wissenschaftlichen Kindermuseum kennen. Der Schwerpunkt liegt auf der Darstellung von Weltall, Erde und Natur. *Di–So 11–17 Uhr | Eintritt 12,50, Kinder ab 4 Jahren 7,50, 12–18 Jahre 9,50 Euro*

(online je 1,50 Euro Rabatt) | Stadhouderslaan 37 | Scheveningen | museon. nl | ⏱ 2 h | 🗺 c7

GEMEENTEMUSEUM

Der Bau von H. P. Berlage ist ein Prunkstück der niederländischen Frühmoderne, die Kunstsammlung in den intimen Kabinetten hat Weltrang. Fans geometrischer Kunst aufgepasst: Das Museum besitzt die größte Mondrian-Sammlung der Welt. *Di–So 10–17 Uhr | Eintritt 15 Euro, MK | Stadhouderslaan 41 | gemeentemuseum.nl | ⏱ 2–3 h | 🗺 0*

MADURODAM 🎭

Unterhaltsam gemachte Miniaturversion der Niederlande. Von der Rotterdamer Erasmusbrücke bis zum Stadttor von Sneek sind hier viele wichtige Gebäude und Anlagen im Maßstab 1:25 zu sehen. *Jan./Feb., Nov./Dez. 11–17, März–Sept. 9–20, Okt. 9–19 Uhr | Eintritt 17,50, online 15,50 Euro | George Maduroplein 1 | madurodam.nl | ⏱ 3 h | 🗺 0*

STRANDBOULEVARD SCHEVENINGEN

Von den Pavillons am Naturschutzgebiet Meijendel bis hin zur mächtigen Hafeneinfahrt erstreckt sich der Boulevard über gut 5 km. Eine elegante Neugestaltung und die Errichtung verspielter 🐾 Skulpturen des Künstlers Tom Otterness waren erste wirksame Maßnahmen zu einer umfassenden Modernisierung. Dem in Zeiten von Instagram als Motiv wieder sehr gefragten 🐾 *Pier (Strandweg 150–154 | pier.nl)* konnte mit

Hilfe von Riesenrad, Streetfood-Ständen und komfortablen Übernachtungskabinen neues Leben eingehaucht werden. 🚏 *c7*

KIJKDUIN

Im Südwesten von Den Haag breitet sich seeseitig des beschaulichen

DEKXELS

Niederländisch-asiatische Fusion-Küche in kleinen Portionen. Durchgestyltes Ambiente, hippes Publikum. *Tgl. ab 17.30 Uhr | Denneweg 130 | Tel. 070 3 65 97 88 | dekxels.nl | €€ | 🚏 e4*

Sich mal so richtig groß fühlen zwischen Madurodams Minischiffen, -häusern und -autos

Kijkduiner Boulevards ein schöner breiter 🏖 Sandstrand aus. Wanderwege bahnen sich ihren Weg durch die angrenzenden Dünen, in denen sich ein Werk des amerikanischen Land-Art-Künstlers James Turrell versteckt: Schaut man von der steinernen Bank in einem Krater nach oben, wölbt sich der Himmel als Kuppel: *Machiel Vrijenhoeklaan (Zugang gegenüber Restaurant De Haagsche-beek).* 🚏 *C7*

HERINGSKARREN

Am Tor zum Buitenhof steht der Karren, ==wo sich eine bunte Laufkundschaft und Politiker jeder Couleur treffen, um einen Hering zu inhalieren.== *Tgl. | € | 🚏 d5*

INSIDER-TIPP
Zu Fisch mit dem Minister

RUI SEÑOR

Mexikanische Haute Cuisine, wie sie in Europa völlig unbekannt ist: Klassische Gerichte werden dekonstruiert und zu einem täglich wechselnden Menü zusammengefügt. *Di–So 18–22 Uhr | Denneweg 120 | Tel. 070 5 14 70 49 | ruisenor.nl | €€€ | ⊞ e4*

VISHANDEL SIMONIS ⚑

Landesweit bekannter Imbiss mit traditionellen Fischgerichten und eigener Räucherei. *Tgl. | Visafslagweg 20 | Scheveningen | keine Reservierungen | simonisvis.nl | € | ⊞ 0*

SHOPPEN

Elegante Boutiquen und hippe Läden findest du im *Noordeinde*, in der *Prinsestraat (⊞ c5)* und im *Denneweg (⊞ e4).* Eine Attraktion ist die *Haagse Passage (⊞ d6):* Der Glaskuppelbau im venezianischen Stil beherbergt Boutiquen und Shops. Unbedingt sehenswert ist der *Haagse Markt (Mo, Mi, Do, Fr 9–17 Uhr | Herman Costerstraat | dehaagsemarkt.nl),* wo die schnürsenkelähnlichen Bohnen *Kouseband* und andere Importe aus Surinam verkauft werden.

INSIDER-TIPP
Schnürbänder aus Südamerika

SPORT & SPASS

MEIJENDEL

Das Naturschutzgebiet nimmt den Küstenstreifen von Scheveningen bis Katwijk mit oft 🦌 einsamen Strandabschnitten ein. Dünen, Feuchtbiotope und Heide sind so gut wie unberührt – ein herrliches Wanderrevier. In der *Boerderij Meyendel (Mo–Fr 9–19, im Win-*

INSIDER-TIPP
Salzige Luft inhalieren

ter wochentags bis 18 Uhr | Meijendelseweg 36 | Tel. 070 5 17 96 01 | meyendel.nl | €)* gibt's Pfannkuchen. *⊞ c6*

DUINRELL 🎪

Die Fledermausmobile, mit denen man über die Dünen fliegen kann, sind die eine Hauptattraktion dieses Freizeitparks, die lange Wasserrutsche die andere. Aber auch das tropische Tikibad begeistert. *Mai–Ende Okt. tgl. 10–17 Uhr, Tikibad ganzjährig | Eintritt 20 Euro, Kinder unter 4 Jahren frei, Tikibad 2 Std. plus 3,50 Euro | Duinrell 1 | Wassenaar | duinrell.nl | ⊞ C7*

AUSGEHEN & FEIERN

Die „Den Haag Agenda" gibt eine gute Übersicht über die Veranstaltungen.

PAARD VAN TROJE

Musikclub mit Popkonzerten und DJs. *Di/Mi, So 16–1, Do–Sa 16–4 Uhr | Eintritt je nach Veranstaltung | Prinsegracht 12 | Den Haag | paard.nl | ⊞ c6*

RUND UM DEN HAAG

1 MUSEUM VOORLINDEN ⭐

7 km/20 min von Den Haag (Rad)

Du wolltest schon immer trocken auf dem Boden eines Swimmingpools stehen oder den kleinsten Aufzug der Welt beobachten? Dann ab in dieses Museum für unterhaltsame Gegenwartskunst in einem spektakulären Neubau inmitten eines Schlossparks. *Tgl. 11–17 Uhr | 15 Euro | Buurtweg 90 | Wassenaar | voorlinden.nl | ⏱ 2 h | ▥ c7*

② DELFT ★

8 km/12 min von Den Haag (Zug)

Nur einen Steinwurf von Den Haag entfernt bittet mit Delft eine der schönsten Kleinstädte des Lands (101 000 Ew.) um Aufmerksamkeit. Das Zentrum ist dank des mächtigen Turms der *Nieuwe Kerk (Mo–Sa 9–18 Uhr | Eintritt Turm 5, Kirche 4, Kombi 8 Euro | Markt 80)* nicht zu verfehlen. An klaren Tagen reicht der Blick von der Aussichtsplattform im Norden bis nach Den Haag und im Süden bis zu Rotterdams Hafenkränen. In der im 14. und 15. Jh. errichteten Kirche ruht in einem monumentalen *Prunkgrab* der 1586 in Delft ermordete Willem van Oranje. Die Nieuwe Kerk liegt am Kopfende des *Grote Markt,* den wiederum historische Patrizierhäuser mit altholländischen Giebeln flankieren. Das im Renaissancestil errichtete *Stadhuis (Rathaus)* schließt den weiten Platz ab. ==Von April bis Mitte Oktober findet hier samstags (9–17 Uhr) vor der Kulisse der mittelalterlichen Grachten einer der schönsten Floh- und Antikmärkte weit und breit statt.==

Bekannt wurde Delft durch seine Fayencen. Im *Royal Delft Experience (tgl. 9–17 Uhr | Eintritt 13,50 Euro | Rotterdamseweg 196 | royaldelftexperience. nl | ⏱ 2 h)* demonstrieren Künstler, wie die hochwertige Keramik seit Generationen hergestellt wird. Delfts berühmtester Maler ist Jan Vermeer (1632–75). Seine „Ansicht von Delft"

Wo sich ein Baudenkmal ans andere schmiegt: Leidens historische Altstadt

(im *Mauritshuis,* Den Haag*)* zeigt den Blick auf seine Vaterstadt, sein bescheidenes Grab liegt in der *Oude Kerk.* Schon von Weitem fällt der 75 m hohe Turm mit seiner bedrohlichen Neigung auf. Beliebt als Lunchadresse in Delft ist das *Stads-Koffyhuis (Mo–Sa | Oude Delft 133 | stads-koffyhuis.nl | €).* ▥ C7

LEIDEN

(▥ C7) **Die Universitätsstadt Leiden vereint alles, was man von einer altholländischen Stadt erwartet: eine lebensfrohe Atmosphäre**

und ein historisches Zentrum mit romantischen Grachten und alten Giebelhäusern.

Durch die Innenstadt fließt der *Oude Rijn,* der der Stadt ihren unverwechselbaren Charakter verleiht. Leiden (125 000 Ew.) erhielt 1266 die Stadtrechte, zu Wohlstand kam es durch die Tuchweberei.

SIGHTSEEING

MOLENMUSEUM DE VALK

Ein echtes Stück Bilderbuch-Holland: Die 29 m hohe Windmühle ist die letzte von einst 19 nebeneinanderstehenden. *Di–Sa 10–17, So 13–17 Uhr | Eintritt 4 Euro | 2e Binnenvestgracht 1 | molenmuseumdevalk.nl |* ⏱ *45 min*

NATURALIS 👥

Eine hypermoderne naturhistorische Schatzkammer mit über 8000 Exponaten, darunter die Skelette einer 9 m langen Eidechse, eines Urpferds und eines Mammuts. *Tgl. 10–17 Uhr | Eintritt 12, Kinder ab 4 Jahren 9 Euro | Darwinweg 2 | naturalis.nl |* ⏱ *1,5 h*

RIJKSMUSEUM VAN OUDHEDEN

Funde aus der Zeit der niederländischen Vorgeschichte, der Etrusker und der Römer. *Di–So 10–17 Uhr | Eintritt 12,50 Euro, MK | Rapenburg 28 | rmo.nl |* ⏱ *1,5 h*

CORPUS 👥

Kurios: Das Museumsgebäude hat die Gestalt eines sitzenden Riesen. Einmal drinnen angekommen, treten die

Die Weite der Dünen bei Katwijk aan Zee ist perfekt für ausgedehnte (Abend-)Spaziergänge

Besucher eine Reise durch den menschlichen Körper an. *Di–So 9.30–15, Sa/So bis 17 Uhr (letzter Einlass!) | Kinder erst ab 6 Jahren! | Eintritt 18,25 Euro | Willem Einthovenstraat 1 | corpusexperience.nl | ⏱ 2 h*

Große Auswahl an *eetcafés* und Kneipen in der Innenstadt, etwa *Grand Café Vlot (Prinsessekade 5 | vlotleiden. nl | €)* oder *Lot en De Walvis (beide tgl. | Haven 1 | lotendewalvis.nl | €–€€),* ein angesagtes Lokal am Stadttor mit Leckereien aus aller Welt.

SURAKARTA
Satés, javanesische Gerichte, viel Vegetarisches: gutes, bei Einheimischen beliebtes Restaurant. *Tgl. | Noordeinde 5 | Tel. 071 5 12 35 24 | surakarta.nl | €€*

RUND UM LEIDEN

❸ KATWIJK AAN ZEE
10 km/15 min von Leiden (Auto)
Katwijk aan Zee (17 000 Ew.) ist mit Katwijk aan de Rijn zusammengewachsen. Der kleine, adrette Badeort ist stark christlich geprägt – FKK wird nicht geduldet. Trotz der konservativen Gesinnung blüht hier eine reiche Graffiti-Kultur. Beim *Jugendzentrum SCUM (Noordduinseweg 3)* wurde extra eine Mauer für Street Art errichtet. Vom alten Leuchtturm aus kannst du das Treiben am Strand beobachten.

Hier besonders schön: Dünenwanderungen. 🏮 *C6*

❹ NOORDWIJK AAN ZEE
15 km/20 min von Leiden (Auto)
Das Seebad (26 000 Ew.) ist mit seinem langen 🏖 Strand bei Einheimischen und deutschen Besuchern gleichermaßen populär. Auf den ersten Blick mag der Ort keine Schönheit sein, doch *Noordwijk-Binnen* ist ein hübsches Dorf mit alten Häusern und Baumbestand. Richtung Küste verstreut sich die Bebauung mit Ferienhäusern und Villen kunterbunt über die alten Dünen. Nahe der Straße nach Katwijk befindet sich die Anlage des Europäischen Raumforschungszentrums ESTEC, die ☂ *Space Expo (Di–So 10–17 Uhr | Eintritt 12 Euro | spaceexpo.nl | ⏱ 3–4 h)*, Europas größte ständige Ausstellung für Raumfahrt. Wer sich auf den Weg macht, kann das Weltall mit allen Sinnen erfahren, Mondstaub in Augenschein nehmen und an den Überresten eines Kometen schnuppern. Auf Kinder wartet ein Astronautendiplom. Im Restaurant *Onder de Linde (Mi–So ab 17 Uhr | Voorstraat 133 | Tel. 071 3 62 31 97 | onderdelinde.com | €€)* gibt es kreative Nordseeküche. Himmlisch leckere Heringe bekommst du am Karren von *Van Duijn (Hoofdstraat–Kerkplein).* 🏮 *C6*

❺ KEUKENHOF ⭐
16 km/25 min von Leiden (Auto)
Gigantische Blumenfelder, die monatelang in voller Blüte stehen. Noch holländischer geht es nicht. So präsentiert sich im Frühjahr der *Bollenstreek* („Blumenzwiebelgegend") zwischen Leiden, Noordwijk und Haar-

lem. Mittendrin liegt der Keukenhof – größter Freilandgarten der Welt, der seit 1949 jedes Jahr von März bis Mai auf einer Fläche 28 ha geöffnet ist. Die riesige Blumenschau zieht wahre Besuchermassen an – immerhin blühen hier schätzungsweise 6 Mio. Tulpen, Hyazinthen, Narzissen und andere Zwiebelgewächse. Jacoba von Bayern, Gräfin von Holland, nutzte den Keukenhof schon im 14. Jh. zum Anbau von Gemüse und Kräutern. Zum Anwesen gehört auch das *Kasteel Keukenhof (kasteelkeukenhof.nl),* das im 17. Jh. von Amsterdamer Kaufleuten gebaut wurde. *Letztes Wochenende im März bis zum letzten Mi im Mai tgl. 8–19.30 Uhr | Eintritt 18 Euro | keuken hof.nl |* ⏱ *5 h |* 🗺 *D6*

ROTTERDAM

(🗺 *C7–8*) **Grachten, Giebelhäuser und andere Holland-Klischees suchen Besucher in Rotterdam vergebens. Stattdessen können sie eine fortschrittliche Metropole entdecken, deren Bewohner mit der Umsetzung von Projekten und Ideen nicht lange fackeln.**

Eine bewohnbare Markthalle, würfelförmige Häuser und eine imposante Skyline. Dazu der größte Hafen Europas, quirlige Wassertaxis, coole Museen, eine lebendige Clublandschaft, trendige Stadtviertel wie Maagd van Holland und kreative Bewohner. All das zeichnet Rotterdam heute aus. Begonnen hat diese Entwicklung mit dem Zweiten Weltkrieg, als die zweitgrößte Stadt des

WOHIN ZUERST?

Erasmusbrücke: Am Fuß der Brücke starten die Hafenrundfahrten, wenige Meter nördlich liegen das *Maritiem Museum* und die *Witte de Withstraat.* Metro: *Leuvehaven,* Tramstation: *Willemsplein.* Parken kannst du auf der Straße (Parktickets an den blauen Automaten) oder im Parkhaus *Erasmusbrug.*

Landes (635 000 Ew.) fast komplett zerstört wurde. Danach sollte es nicht lange dauern, bis sich Rotterdam als ehrliche Stadt harter Arbeit profiliert hatte. Aus dem radikalen Gegenentwurf zum malerischen Rest der Niederlande ist mittlerweile ein spannendes Reiseziel geworden, das immer neue Akzente setzt. Angekündigt hat die Architekturhauptstadt der Niederlande etwa ein Surfer-Becken mitten in der Stadt sowie ein bewohnbares Windrad.

SIGHTSEEING

KUBUSHÄUSER

In der Straße Overblaak 70 stehen die kuriosen Kubuswohnungen des Architekten Piet Blom. ==In der komplett eingerichteten Museumswohnung kannst du dir ein Bild von dem unorthodoxen Wohnmodell machen.== *Tgl. 11–17 Uhr | Eintritt 3 Euro | kijkkubus.nl |* ⏱ *30 min*

INSIDER-TIPP
Leben im Würfel

MARKTHAL ☔

Beim Anblick der 2013 eröffneten, spektakulären Markthalle kommst

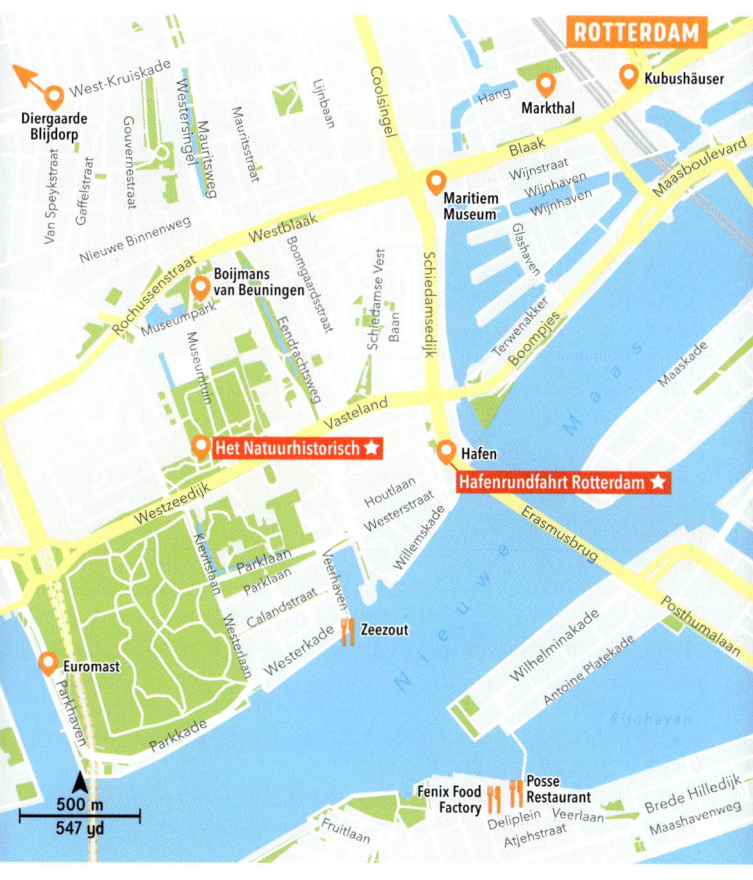

Kubushäuser

Markthal

Maritiem Museum

Boijmans van Beuningen

Het Natuurhistorisch ★

Hafen
Hafenrundfahrt Rotterdam ★

Diergaarde Blijdorp

Zeezout

Euromast

Fenix Food Factory

Posse Restaurant

500 m
547 yd

du aus dem Staunen nicht heraus. Das hufeisenförmige Gebäude mit seinen elf Geschossen birgt einen Food Court mit 96 Ständen voller Leckereien sowie 228 Wohnungen. Die Innenseite des imposanten Tonnengewölbes bedeckt ein Kunstwerk von Arno Coenen und Iris Roskam, das fliegendes Obst und Gemüse zeigt. *Mo–Do u. Sa 10–20, Fr 10–21, So 12–18 Uhr | Drs. Jan Scharpstraat | markthal.nl*

MARITIEM MUSEUM

Vom prähistorischen Baumstammkanu bis hin zum modernen Ozeanriesen zeichnet dieses Museum auf spannende Weise die Geschichte der Seefahrt nach. Praktischen Unterricht für angehende Süßwassermatrosen gibt's auch – im Museumsschiff *Buffel*. *Di–Sa 10–17, So 11–17 Uhr | Eintritt 12,50 Euro, MK | Leuvehaven 1 | maritiemmuseum. nl | ⏱ 1,5 h*

BOIJMANS VAN BEUNINGEN

Die hochklassige Sammlung altniederländischer, italienischer und moderner Maler ergänzen avantgardistische Ausstellungen mit sehenswertem niederländischem Design. *Di–So 11–17 Uhr | Eintritt 17,50 Euro, MK | Museumpark 18–20 | boijmans.nl | ◔ 2 h*

HET NATUURHISTORISCH ★ 👥

Das naturwissenschaftliche Museum stellt ausgestopfte Tiere aus, die auf kuriose Weise ums Leben gekommen sind – in der Umgebung, die ihnen zum Verhängnis wurde. Ein bizarres Kuriosum, das natürlich auch zum Nachdenken anregt. *Di–So 11–17 Uhr | Eintritt 7 Euro | Westzeedijk 345 | hetnatuurhistorisch.nl | ◔ 2 h*

HAFEN

Der größte Tiefwasserhafen Europas erstreckt sich über 42 km bis zur Nordsee. Entsprechend beeindruckend ist eine ★ *Hafenrundfahrt (im Sommer jede Std. | Dauer 75 Min. | Preis 13,25 Euro | Ableger am Willemsplein Reederei Spido | spido.nl).* Die Boote legen bei der Erasmusbrücke ab und passieren zunächst die Halbinsel Kop van Zuid, wo sich das ehrwürdige Hotel New York zwischen den Wolkenkratzern behauptet. Anschließend nimmt der Kapitän Kurs auf Veerhaven und Euromast, ehe die Ozeanriesen in Sicht kommen. Wer nicht genug bekommen kann, bucht ein Ticket für eine siebenstündige *XL-Tour* mit Catering *(wechselnde Termine | 57,50 Euro).* Eine unterhaltsame Alternative ist die Tour mit dem *Splash-Bus (Abfahrt im Parkhaven, neben dem Euromast |* 26,50 Euro | splashtours.nl). Das Amphibienfahrzeug fährt durch das Zentrum über die Halbinsel Katendrecht und taucht schließlich in die Maas ein.

EUROMAST

Der Aussichtsturm im Park ist 185 m hoch und mit allerlei Entertainment-Einrichtungen ausgestattet. Auf 96 m Höhe erlaubt ein Panoramarestaurant zu einfacher Bioküche einen großartigen Blick über Stadt und Hafen. *Tgl. 10–23 Uhr | Eintritt 9,75 Euro | Parkhaven 20 | euromast.nl | ◔ 1,5 h*

DIERGAARDE BLIJDORP 👥

Ein überdachter Tropenwald trifft auf mongolische Steppe, chinesischen Garten und asiatischen Sumpf – in diesem Zoo leben die Tiere in einer ihrer Heimat nachempfundenen Umgebung. *Tgl. 9–17, im Sommer bis 18 Uhr | Eintritt 23, Kinder bis 12 Jahre 18,50 Euro (Onlinerabatt 1,50 Euro je Ticket) | Blijdorplaan 8 | diergaardeblijdorp.nl | ◔ 3 h*

ESSEN & TRINKEN

POSSE RESTAURANT

Klasse Kaffee, tolles Essen, hippes Ambiente: das angesagteste Lokal der Stadt. *Do–Mo | Veerlaan 19a | Tel. 010 7 37 18 15 | posse.nl | €*

FENIX FOOD FACTORY

INSIDER-TIPP
Fantastischer Food Court

Inhabergeführte Lokale in lässigem Lagerhallenambiente. Bei den *Kaapse Brouwers (Di–So 12–23 Uhr)* kommen dazu Dutzende Craftbiere frisch gezapft ins Glas. *Unterschiedl. Öffnungszeiten,*

Sich mal so richtig klein fühlen zwischen all den großen Pötten in Rotterdams großem Hafen

Kernzeit Di–Sa 10–18, So 12–18 Uhr | Veerlaan 19 d | fenixfoodfactory.nl | €

ZEEZOUT

Eins der besten Fischrestaurant des Landes in schöner Lage am Fluss. Legendär sind hier die Überraschungsmenüs mit drei bis sechs Gängen und optionaler Weinbegleitung. *Di–So | Westerkade 11b | Tel. 010 4 36 50 49 | restaurantzeezout.nl | €€€*

SHOPPEN

Große Ketten findest du um die *Lijnbaan,* einst erste Fußgängerzone Europas. Individuellere Boutiquen gibt es in der *Van Oldenbarneveltstraat,* am *Meent* und im Trendviertel *Maagd van Rotterdam (Maho | mahorotterdam.nl),* alles Einkaufsstraßen mit originellen, eigentümergeführten Geschäften. In der *Witte de Withstraat:* Bistros, Cafés, Buchhandlungen, Galerien. Di und Fr ist Markttag bei der Sint Laurenskerk. Modeliebhaber treffen sich im *Ginza Shop (Pannekoekstraat 6 a | ginzashop.nl),* dessen Eigentümerin Margret West auch eine eigene Kollektion verkauft. Kaum einer schafft es, den Shop ohne Tüten zu verlassen. Ein paar Ecken weiter gibt es bei *Objet Trouvé (Pannekoekstraat 44 a | objettrouve.nl)* Sneakers, Accessoires und noch mehr coole Mode.

AUSGEHEN & FEIERN

Eher mainstreamige Bars und Cafés haben sich rund um den *Oude Haven* und in *Maagd van Holland* angesiedelt. Ausgefallener ist die *Witte de Withstraat:* In

An gemütlichen Bierkneipen herrscht in Rotterdams Hafenviertel traditionell kein Mangel

der famosen *Wunderbar (worm.org)* trifft sich der Underground, während *De Witte Aap* den Bohemiens der Stadt gehört. Rotterdam ist berühmt für seine Dance-Szene. Spektakuläre Club-Locations sind das gigantische *Maassilo (Maashaven Zuidzijde 1–2 | maassilo. com)* und das *Toffler (Weena Zuid 33 | toffler.nl)* in einem früheren Fußgängertunnel beim Hauptbahnhof. Größtes Kino – die Filme laufen im Original – ist das *Pathé (Schouwburgplein 101).*

RUND UM ROTTERDAM

6 SCHIEDAM
10 km/15 min von Rotterdam (Auto)
Nicht nur Kennern ist dieser Ort (78 000 Ew.) als Geneverstadt be-

kannt. Ende des 19. Jhs. zählte das ehemalige Fischerdorf 400 Brennereien. Das historische Stadtbild beherrschen fünf Mühlen, von denen zwei mit 33 m zu den höchsten der Welt zählen. In der Mühle *De Noord (noord molen.nl)* befindet sich heute ein stimmungsvolles Restaurant, in der Windmühle *De Walvisch (Di–So 11–17 Uhr | Westvest 229 | molendewa lvisch.nl)* ein aufwendig restauriertes Mühlenmuseum. *C8*

7 HOEK VAN HOLLAND
33 km/30 min von Rotterdam (Auto)
Hoek ist nicht nur der Fährhafen nach England, sondern auch wegen seines Strands beliebt. Etwas außerhalb liegen die zwei riesigen elfenbeinfarbenen Arme des Flutwehrs *Maeslantkering (Mo–Fr 10–16, Sa/So 11–17 Uhr, Führungen Sa/So 4,30 Euro – auch auf Englisch und manchmal auf Deutsch |*

Havennummer 882 im Nieuwe Waterweg | Reservierungen über keringhuis. nl). Das ✆ Besucherzentrum ist gratis. Per Knöpfchen kann man dort ein Modell des Flutwehrs öffnen und schließen. Zum Essen bieten sich die vielen Strandbars an, vor allem am Wochenende sorgt die Schickeria aus den umliegenden Städten im schicken Strandclub *Elements Beach (elements beach.nl)* für Ibiza-Vibes.

Ganz in der Nähe ist die Küste seit einigen Jahren Schauplatz eines beeindruckenden Schutzexperiments: Vor dem Strand von Ter Heijde liegt seit 2011 der kostenlos zugängliche *Sandmotor,* eine künstliche Sandbank, die das offene Meer auf einer Fläche von 256 Fußballfeldern zurückdrängt. Der Sand soll sich durch die Strömung allmählich an der Küste verteilen. ▥ *C7*

❽ BIESBOSCH

28 km/30 min von Rotterdam (Auto)
Wildnis in Holland? Gibt es auch. In dem Nationalpark Biesbosch (Binsenwald) sind zum Beispiel die Auenlandschaften des Rheindeltas gut erhalten. Das größte Süßwassergezeitengebiet Europas ist tadellos mit Rad- und Wanderwegen erschlossen, zudem sind Gelegenheiten zum Segeln und Kanufahren vorhanden. Vom *Biesboschcentrum Dordrecht (Baanhoekweg 53)* fährt eine mit Sonnenenergie angetriebene *Fähre (rede rijhalvemaen.nl)* zu einem verwunschenen Naturwanderweg mitten im Wald. *Waterbus-Boote (hin und zu-*

INSIDER-TIPP
Flüsterboot ins Feuchtgebiet

rück 7,60 Euro | waterbus.nl) pendeln von Rotterdam aus täglich die Maas hinab bis nach Dordrecht und weiter in den Biesbosch. ▥ *D8*

SCHÖNER SCHLAFEN IN RANDSTAD

GRAND HOTEL AMRÂTH KURHAUS

Dieses Hotel stammt aus der Zeit, als Scheveningen ein mondänes Seebad war. Die Eleganz vergangener Tage verströmt heute noch das Restaurant im prächtigen Kursaal mit seinen 100 Jahre alten Deckengemälden. Zu leiser Klaviermusik wird hier zwischen 14.30 und 16.30 Uhr der ☂ High Tea serviert. An Sonnentagen beglückt die Terrasse direkt am Strand. *253 Zi. | Gevers Deynootplein 30 | Tel. 070 4 16 26 36 | kurhaus.nl | €€€ | f C7*

SS ROTTERDAM

In den 1950ern war die SS Rotterdam das größte Kreuzfahrtschiff der Niederlande. Nun liegt sie am Südufer der Maas und dient als Hotelschiff mit 254 Zimmern im Stil der Epoche. Viele der traditionsreichen Räume – z. B. die Brücke, die Kapitänskajüte und einige historische Säle – kannst du dir bei einer *Führung mit Audioguide (12,50 Euro)* ansehen. Oder erkunde das Schiff ✆ gratis auf eigene Faust. *254 Zi. | 3e Katendrechtsehoofd 25 | Tel. 010 2 97 30 90 | ssrotterdam. com/hotel | €€ | ▥ c8*

RUND UMS IJSSELMEER

EIN ECHTES UND EIN FALSCHES MEER

Nördlich der Randstad werden die Niederlande rasch einsamer. In den verträumten Städtchen am IJsselmeer hat sich auf den ersten Blick seit Jahrhunderten nicht viel getan. Der Schein aber trügt, denn die jüngere Geschichte hat der Region radikale Veränderungen beschert: Bevor 1932 der Afsluitdijk (Abschlussdeich) vollendet wurde, lagen Hoorn, Enkhuizen und Co. am offenen Meer. Bald darauf begannen die Niederländer mit der Trockenlegung. Seitdem sind in der ehemaligen Zuiderzee bizarr gleichförmige Land-

Kinderfreundlich und stets sehr gut besucht: der Strand von Egmond aan Zee

schaften und futuristische Städte wie Almere entstanden. Dem Charme der anderen Orte hat das nicht geschadet – kaum irgendwo geben sich die Niederlande so folkloristisch wie in Volendam, Marken und Urk. An den weitläufigen Stränden der Nordsee türmen sich derweil gewaltige Sandberge auf. Im nordholländischen Dünenreservat sind sie über 50 m hoch. Einzige größere Stadt ist Haarlem, das manche für ein besseres Amsterdam halten. Hier geraten Romantiker ins Schwelgen, ohne Besuchermassen ausweichen zu müssen.

RUND UMS IJSSELMEER

MARCO POLO HIGHLIGHTS

⭐ **BERGEN**
Schicke Künstlerkolonie mit Kirchenruine ➤ S. 80

⭐ **ZUIDERZEEMUSEUM**
Für die Nachwelt erhalten: Das Leben an der verblichenen Zuiderzee ➤ S. 81

⭐ **MARKEN**
Einst eine Insel im offenen Meer, heute quasi ein bewohntes Freilichtmuseum ➤ S. 83

⭐ **SCHOKLAND**
Unesco-Welterbe auf einem Hügel im Polder ➤ S. 85

⭐ **HAARLEM**
So schön historisch und quirlig wie Amsterdam, aber mit weniger Touristen ➤ S. 74

Den Helder

Julianadorp

Anna Paulowna

A7

Schagen

NEDERLAND

7
Medemblik

Strand von Schoorl

5 Klimduin

Bergen ⭐
S. 80

Strand von Bergen

8 **Hoorn**

6 Egmond aan Zee

Alkmaar
S. 78

Heiloo

Noordzee

A9

Castricum

A7

NOORD-HOLLAND

Heemskerk

9 Edam

Purmerend

Volendam 10 4 k
45

Beverwijk 3

4 Zaanse Schans

Monnickendam 11

IJmuiden 2

A22

A8

Zaandam

Landsmeer

Marken ⭐

12

Broek in Waterland

A208

10 km,
10 Min.

A9

A10

Haarlem ⭐
S. 74

A5

Amsterdam

1

Zandvoort

Heemstede

A10

A10

Diemen

HAARLEM

(◫ D6) **Von Weitem sieht** ⭐ **Haarlem noch genauso aus wie auf Stadtansichten aus dem Goldenen Zeitalter: Die Grote Kerk dominiert die Skyline der Stadt zwischen der Nordseeküste und Amsterdam.**

Aus der Nähe betrachtet erweist sich Haarlem als quirliges Städtchen mit vielen Einkaufs- und Ausgehmöglichkeiten. Die Hauptstadt der Provinz Nordholland (150 000 Ew.) ist etwas älter als Amsterdam und erhielt 1245 die Stadtrechte. Der Fluss Spaarne, die Kanäle, Giebelhäuser und *hofjes* prägen ein fast schon unwirklich schönes Stadtbild.

WOHIN ZUERST?

Grote Markt: Auf dem von Cafés gesäumten Markplatz thront die *Grote Kerk,* daneben das Kunstzentrum *De Hallen,* gegenüber das alte *Rathaus.* Südlich schließt die Shoppingmeile *Grote Houtstraat* an. Ein Leitsystem führt in die Parkgaragen ums historische Zentrum. Am günstigsten liegt die *Raaks-Garage (Zijlvest 45).*

SIGHTSEEING

BAHNHOF

Reisen war einmal glamourös und romantisch. Aus dieser Epoche stammt der Haarlemer Bahnhof. Er wurde 1908 im Jugendstil mit Elementen aus Kacheln und Holz errichtet. Zwischen Amsterdam und Haarlem fuhr 1839 die erste Eisenbahn des Landes.

BAKENESSERKAMER 👓

Schon früh haben sich die Niederländer um ihre Alten, Kranken und Schwachen gekümmert. Diese Wohnanlage hat der Kaufmann Dirck van Bakenes 1395 als Witwenwohnheim gestiftet. Im ältesten *hofje* des Landes gruppieren sich weiße Häuschen um einen kleinen Garten. *So geschl. | Eingang Wijde Appelaarssteeg*

TEYLERS MUSEUM

Superlativ gefällig? Bitte: Dieses Haus ist das älteste Museum der Niederlande. Es wurde 1778 vom Tuchhändler Pierre Teyler gegründet und besitzt eine auf altmodische Art charmante Sammlung. In ehrwürdiger Umgebung werden Tierskelette, Mineralien und seltene oder skurrile Erfindungen wie ein Elektrodrahttelefon gezeigt. **INSIDER-TIPP Kabinett der Kuriositäten** Ein Highlight sind die Zeichnungen von Michelangelo. Am schönsten ist der *Ovale Saal* von 1784 mit seiner Einrichtung aus Mahagoniholz. *Di–Fr 10–17, Sa/So 11–17 Uhr | Eintritt 13,50 Euro, MK | Spaarne 16 | teylers museum.nl | ⏱ 1,5 h*

FRANS-HALS-MUSEUM

Im Goldenen Jahrhundert waren in den Niederlanden geschätzte 1500 hauptberufliche Maler aktiv. Neben Rembrandt und Vermeer gehörte Frans Hals zu den wichtigsten Vertretern. Gemeinsam mit Jan van Scorel, Maerten van

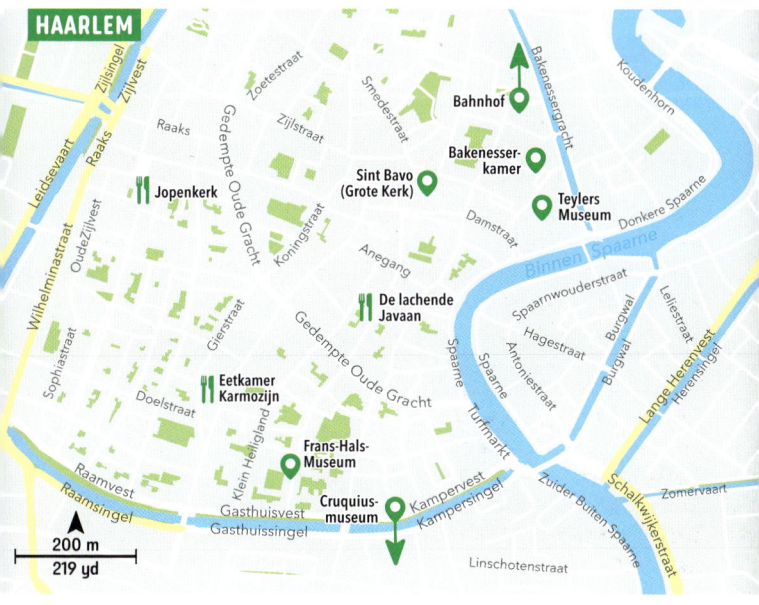

HAARLEM

Zijlsingel · Zijlvest · Leidsevaart · Raaks · Oude Zijlvest · Wilhelminastraat · Sophiastraat · Doelstraat · Raamvest · Raamsingel · Gedempte Oude Gracht · Koningstraat · Grierstraat · Klein Heiligland · Gasthuisvest · Gasthuissingel · Gedempte Oude Gracht · Zoetestraat · Zijlstraat · Smedestraat · Anegang · Damstraat · Turfmarkt · Kampervest · Kampersingel · Spaarne · Antoniestraat · Hagestraat · Spaarnwouderstraat · Burgwal · Burgwal · Lange Herenvest · Herenvest · Leliestraat · Zuider Buiten Spaarne · Schalkwijkerstraat · Zomervaart · Linschotenstraat · Bakenessergracht · Koudenhorn · Donkere Spaarne · Binnen Spaarne

Bahnhof
Bakenesser-kamer
Sint Bavo (Grote Kerk)
Teylers Museum
Jopenkerk
De lachende Javaan
Eetkamer Karmozijn
Frans-Hals-Museum
Cruquius-museum

200 m
219 yd

Heemskerck und anderen Vertretern der Haarlemer Schule gilt er als Wegbereiter der niederländischen Malerei. Ihre Werke bilden den Schwerpunkt der Sammlung. Höhepunkt ist der eindrucksvolle Zyklus der acht Gruppenbilder Haarlemer Regenten und Schützengilden (Schutters) von Hals. Außerdem sind Stilmöbel, Silberschmuck, eine rekonstruierte Apotheke, ein historisches Puppenhaus sowie Werke zeitgenössischer Fotografen ausgestellt. Im Zentrum des Vierflügelbaus befindet sich ein schöner Innenhof mit einem garantiert ruhigen Platz an der Sonne. *Di–Fr 11–17, Sa/So 12–17 Uhr | Eintritt 15 Euro, MK | Groot Heilig-Land 62 | franshalsmuseum.nl | ⏱ 2,5 h*

INSIDER-TIPP
Museumsgarten aus dem Mittelalter

SINT BAVO (GROTE KERK)

Was haben Mozart, Händel, Schubert und Liszt gemeinsam? Sie alle haben auf der 1738 vollendeten Orgel in der spätgotischen Kreuzbasilika Sint Bavo (14.–16. Jh.) gespielt. Auffälligstes Merkmal des Gotteshauses am Grote Markt ist der 80 m hohe Turm. Der Großteil des Kircheninneren stammt aus der Zeit vor der Reformation. *Mo–Sa 10–17 Uhr, Orgelkonzerte Mai–Okt. Di 20.15, Juli–Aug. Do 16 Uhr | Eintritt 2,50 Euro | Grote Markt 22 | bavo.nl*

CRUQUIUSMUSEUM

Wo früher das Wasser des Haarlemermeers plätscherte, befindet sich heute der älteste mit Dampfkraft trockengelegte Polder Hollands. Wie er entstand, wird hier anschaulich gezeigt. *Mo–Fr 10–17, Sa/So 11–17, Nov.–März*

In der *Jopenkerk* darfst du preisen – das Bier, das Essen und den Ex-Bewohner Jesus

Mo–Fr 13–17, Sa/So 11–17 Uhr | Eintritt 8 Euro | Cruquiusdijk 27 | Cruquius | museumdecruquius.nl | ⏱ 1,5 h

ESSEN & TRINKEN

DE LACHENDE JAVAAN

Fernöstliche Küche in exotischem Ambiente mit dem Schwerpunkt Java, die den Gaumen kitzelt. *Di–So | Frankestraat 27 | Tel. 023 5 32 87 92 | delachendejavaan.nl | €€*

EETKAMER KARMOZIJN

Ton Overbeek erledigt in seiner Eetkamer mit nur sechs Tischen alles selber, von Kochen bis Bedienen. Seine französische Küche ist stadtbekannt. *Tgl. | Gierstraat 69 | Tel. 023 5 42 10 95 | €€€*

JOPENKERK

Eine Brauerei in einer Kirche? Das ist in den Niederlanden kein Problem. In diesem Lokal kommen hausgemachte Gerstensäfte aus dem Zapfhahn. *Tgl. ab 10 Uhr | Gedempte Voldersgracht 2 | Tel. 023 5 33 41 14 | jopen kerk.nl | €*

SHOPPEN

Mit seinen verwinkelten Straßen und vielen eigentümergeführten Geschäften ist Haarlem eine herrliche Einkaufsstadt. Die besten Reviere: die *Gouden Straatjes* rund um den Marktplatz und entlang der Gedempten Oude Gracht. Coole Shops findest du auch in der Zijlund der Kruisstraat.

Einige Beispiele: *Havana House (Tabak | Kruisstraat 39), Van der Pigge (Kaffee und Tee | Grote Houtstraat 81),* der Plattenladen *Sounds (Grote Houtstraat 171),* das Modegeschäft *ID (Schagchelstraat 7)* und die Buchhandlung *de Vries (Gedempte Oude Gracht 27).*

AUSGEHEN & FEIERN

Abendlicher Treffpunkt ist der Grote Markt mit mehreren Restaurants und Cafés, z. B. dem *Café De Lift* oder dem *Grand Café Brinkmann (Brinkmannpassage 41).*

RUND UM HAARLEM

1 ZANDVOORT

10 km/30 min von Haarlem (Rad)

Sobald die Sonne scheint, wird Zandvoort (16 000 Ew.) zum inoffiziellen Hausstrand der Haarlemer und Amsterdamer. Darüber hinaus zieht es jährlich rund 1,5 Mio. Besucher in diesen Badeort mit endlos langem Sandstrand, schöner Dünenlandschaft und vielen Strandpavillons.

Freizügigkeit ist Trumpf: Hinter dem alten Leuchtturm in Richtung Noordwijk liegen ein FKK- und ein von Homosexuellen bevorzugter Strand. Obwohl der Ort bereits seit 175 Jahren als Seebad firmiert, sind Attraktionen abgesehen vom Nationalpark Kennemerduinen und dem Nordseestrand eher rar: Zandvoort wurde im Zweiten Weltkrieg von deutschen Bombern zerstört und besteht heute vor allem aus Hochhäusern und Apartmentblocks.

Nördlich des Badeorts erstreckt sich das großartige Naturschutzgebiet ⚑ *Kennemerduinen* mit seinen Dünenfeldern, Schatten spendenden Waldgebieten und vielen Rad- und Wanderwegen. Es dient außerdem als Trinkwasserreservoir für Amsterdam. Villenvororte wie *Bloemendaal* prunken mit Landsitzen am Rand des *Bollenstreek,* des von Mitte März an blühenden Blumenlands. Der Strand von Bloemendaal wurde in den vergangenen Jahren bei jungen, trendbewussten Amsterdamern immer beliebter. Strandpavillons wie das *Woodstock 69 (Zeeweg 94 | woodstock69.nl)* dienen hier auch schon mal als Bühne, auf der Bands wie Franz Ferdinand auftreten. Ein weiterer populärer Beachclub ist *Rapa Nui (Blvd. Barnaart 27 | rapanui.nl)* mit karibischem Flair und wechselnden DJs. 🕮 *D6*

INSIDER-TIPP
Clubben am Meer

2 IJMUIDEN

18 km/20 min von Haarlem (Auto)

Ship-Spotter aufgepasst: Der Vorhafen von Amsterdam ist Hollands größter Fischereihafen. Er entstand 1875 fast zeitgleich mit dem Nordseekanal. Die Sehenswürdigkeiten von IJmuiden sind denn auch seine vier Schleusen, von denen die *Noordersluis* von 1929, 50 m breit, 15 m tief und 400 m lang, die größte Europas ist. Von der Seebrücke beim *Zuiderpier* hast du einen guten Blick auf die ein- und auslaufenden Schiffe. Am schönen Strand bei IJmuiderslag gibt es mehrere gute Fischrestaurants, z. B. *IJmond (tgl. | Seinpostweg 40 | Tel. 0255 51 35 36 | €€€)* oder *Augusta (tgl. | Oranjestraat 98 | Tel. 0255 51 42 17 | €€)* mit kreativer Küche in romantischer Umgebung. 🕮 *D5*

Magst du nicht? Ach was, in Alkmaar amüsieren sich selbst Käsemuffel auf dem Käsemarkt

3 BEVERWIJK

18 km/25 min von Haarlem (Auto)
Mit 3000 Ständen in fünf Hallen ist der *Beverwijkse Bazaar (Sa/So 9.30–19 Uhr | Eintritt frei | Parken 5 Euro/Std. | debazaar.nl)* gigantisch. Von Gewürzen bis zu Trödel und Kleidung (auf dem *Zwarte Markt)* findest du hier fast alles. *Über A 9 Haarlem–Alkmaar, dann Afslag 8 | ⌑ D5*

4 ZAANSE SCHANS

30 km/35 min von Haarlem (Auto)
Ein Ensemble von Windmühlen am Wasser? Noch holländischer geht's kaum. Zu finden an der Zaanse Schans, erstes Industriegebiet der Niederlande. Zum Freilichtmuseum gehören auch gepflegte Holzhäuser und Geschäfte nach altem Vorbild. Drei *Windmühlen (Mitte April–Okt. tgl. 10–17 Uhr)* und allerlei andere Kostbarkeiten aus der Vergangenheit können besichtigt werden.

Die besten Fotomotive bieten sich während einer *Bootsrundfahrt auf der Zaan.* Schön am Wasser liegt das Restaurant *De Hoop op d'Swarte Walvis (Mo–Sa | Kalverringdijk 15 | Tel. 075 6 16 56 29 | dewalvis.eu | €€)* mit phantasievoller, aber nicht ganz billiger Küche. *zaanse schans.nl | ⌑ D5*

ALKMAAR

(⌑ D5) **Keine Stadt lebt das Holland-klischee so stilecht wie Alkmaar. Sommer für Sommer inszeniert sie ihren wöchentlichen Käsemarkt, die ultimative touristische Attraktion an der Küste.**

Mehr Aufmerksamkeit aber verdienen eigentlich die 400 historischen Häuser, die Geschichten aus der Blütezeit der Stadt erzählen. Diese begann im

16. Jh. nach dem 80-jährigen Krieg gegen Spanien. Schon damals war Alkmaar (110 00 Ew.) eine altehrwürdige Schönheit. Das Zentrum mit Grachten und Gassen, Mühlen und rotem Backstein hat viel vom Charme vergangener Jahrhunderte bewahrt.

SIGHTSEEING

GROTE KERK

Die spätgotische Sint Laurenskerk (1470–1516 gebaut) besitzt eine mächtige Orgel. Schon seit 1996 finden in der protestantischen Kirche keine Gottesdienste mehr statt. Sie dient nun als Veranstaltungs- und Ausstellungszentrum, eine pragmatische Nachnutzung, wie sie nur die Niederländer ohne große Diskussionen hinbekommen. *Koorstraat 2*

STADHUIS

Das Rathaus (um 1500) macht mit seinem markanten Turm auf sich aufmerksam. *Langestraat 97*

ESSEN & TRINKEN

PROEFLOKAAL DE BOOM

Rustikal-gemütliche Gaststätte mit enormer Bierauswahl. *Tgl. ab 13 Uhr | Houttil 1 | Tel. 072 5 11 55 47 | proeflo kaaldeboom.nl | €*

SHOPPEN

MÄRKTE

Freitags und an ausgesuchten Dienstagabenden stapeln sich die Käselaibe auf dem *historischen Käsemarkt (April–Sept. Fr 10–12.30, Juli/Aug. auch Di 19–21 Uhr | kaasmarkt.nl)* an der Stadtwaage.

SPORT & SPASS

DE BATAVIER 👥

Zwischen Alkmaar und Bergen liegt dieser Spielgarten mit Rutschbahn, Karussells, Familienschaukel und Trampolinen. *Mai–Aug. tgl. 10–18 Uhr, April, Sept., Okt. unregelmäßig s. Web-*

ALLES KÄSE

Als Besucher kann man nur darüber staunen, wie hauchdünn der Käse im Käseland Holland geschnitten wird. Mit dem handelsüblichen *kaasschaaf*, einem speziellen Hobel, erlangt das Milchprodukt eine köstliche Transparenz.

Im 17. Jh. wurde der Käse noch von Hand hergestellt. Heute gibt es mehr als drei Dutzend Fabriken, in denen Gouda, Leerdamer und Edamer am Fließband produziert werden. Wenn du etwas Besonderes suchst, findest du aber auch lokale Käsespezialitäten von kleinen Bauern. Sie werden allerdings selten im Supermarkt verkauft, sondern eher in Bauernhofläden wie *De Oude Boerderij (Di, Do–So 11–18 Uhr | Noorderweg 8 | Beverwijk | deoudeboer derij.nl | ▥ D5)* oder *Kaasboerderij Zeilzicht (Sa 9–17 Uhr | Westdijk 15 | Zuid-Schermer | kaasboerderijzeil zicht.nl | ▥ D5)*.

site | Eintritt 6, Kinder ab 6 Jahren 8,50 Euro | Bergerweg 100 | debatavier.nl

BERGEN

(□ D5) **Die Ex-Malerkolonie ⭐ Bergen (12 000 Ew.), durch eine Parkallee mit dem Badeort Bergen aan Zee verbunden, ist von Wald umgeben.** Sein breiter 🏖 Sandstrand und weitläufige Dünen geben dem Städtchen eine besondere Aura. Ganz nebenbei ist es damit ein guter Ausgangspunkt für Wander- und Radtouren nach Schoorl oder Egmond. Schon Anfang des 20. Jhs. haben Kaufleute und Künstler aus Amsterdam hier Erholung gesucht. Aus dieser Zeit stammen auch die verspielten Villen im Park Meerwijk, die als Musterbeispiele für den Baustil der Amsterdamer Schule gelten.

SIGHTSEEING

ZEEAQUARIUM 👥

Ein Sammelsurium an Meeresbewohnern. Rund 40 Aquarien mit z. T. tropischen Fischen, außerdem drei große Bassins, die zeigen, wie es im Meer oder an einem Korallenriff aussieht. *April–Sept. tgl. 10–18, Okt.–März 11–17 Uhr | Eintritt 14, Kinder 10 Euro | Van der Wijckplein 16 | zeeaquarium. nl | ⏱ 2 h*

ESSEN & TRINKEN

THE BOURBON ROOM

Wildspezialitäten und Barfood aus der offenen Küche, dazu eine große Wein-

auswahl. *Di geschl. | Jan Oldenburglaan 7 | Tel. 072 5 81 36 96 | thebour bonroom.nl | €€*

STRANDPAVILJOEN EVI

Windgeschützte Sitzecken, kühle Drinks, guter Kaffee und leckere Snacks. Kurzum: der ideale Ort für jede Tageszeit. *Tgl. ab 10 Uhr | Van der Wijckplein 14–B | Tel. 072 5 82 52 04 | strandpaviljoenevi.nl | €–€€*

RUND UM BERGEN

5 KLIMDUIN 🐶 👥

5 km/15 min von Bergen (Rad)
Die 51 m hohe Sanddüne schwappt vom herrlichen 🏖 Strand bis ins Zentrum des Ortes Schoorl. Im Winter kann man dort Schlitten fahren, im Sommer Wettrennen hinauf veranstalten und sich dann herunterkullern lassen. *□ D4*

6 EGMOND AAN ZEE

10 km/35 min von Bergen (Rad)
Dünen mit schönen Wanderwegen und ein breiter Sandstrand sind ideale Bedingungen sowohl für Individualtouristen als auch für Familien. Entsprechend gut besucht wird der Ort, dessen Wahrzeichen ein weiß getünchter Leuchtturm ist. Wer sich für Geschichte interessiert, kann die Ruinen des Stammschlosses der Grafen von Egmond besichtigen, das 1573 von Spaniern zerstört wurde. *□ D5*

Keine Lust auf Strand? Dann düse von Bergen aan Zee aus mit dem Rad durch die Dünen

ENKHUIZEN

(□ E4) **Enkhuizen (17 000 Ew.) ist heute als niederländisches Wassersportzentrum bekannt.**

Im Buitenhaven machen dicht an dicht liegend die Boote Lust auf eine Tour über das IJsselmeer oder gar zu den Nordseeinseln.

SIGHTSEEING

FLESSENSCHEEPJESMUSEUM

Wie kommt das große Segelschiff bloß in so eine kleine Flasche? Das erfährt man im *Buddelschiffmuseum*, das mehr als 750 der kleinen Kunstwerke besitzt. *Tgl. 12–17 Uhr, im Winter nur Fr–Mo | Eintritt 4,50 Euro | Zuiderspui 1 | flessenscheepjesmuseum. nl | ⏱ 1 h*

DE WAAG

Die Stadtwaage ist ein im Stil der Frührenaissance (1599) errichtetes Haus. *Kaasmarkt*

STADTBEFESTIGUNG

Von der Stadtbefestigung steht noch der mächtige Rundturm, *Drommedaris* genannt, der während der Kolonialzeit Gefängnis war. Vom Turm hat man einen schönen Rundblick über Hafen und Stadt. *Am Hafen*

ZUIDERZEEMUSEUM ⭐ ☂

Aus der salzigen Zuiderzee ist das süße IJsselmeer geworden. Wie der Mensch das bewerkstelligt hat, zeigt dieses Ausstellungshaus. Der überdachte Trakt ist in einem prestigeträchtigen ein Lagerhaus der VOC, der Niederländischen Ostindien-Kompanie, aus dem 17. Jh. untergebracht, wo auch historische Boote, Möbel, Trachten und Gemälde an den Glanz der Vergangenheit erinnern. Seit einigen Jahren wird auch zeitgenössisches Design gezeigt. Rund 500 m weiter zeichnet das Freilichtmuseum das Leben der Handwerker und die Fischereikultur früherer Jahrhunderte nach. Das weitläufige Areal ist von Kanälen durchzogen, an deren Ufern 135 Gebäude originalgetreu wieder aufgebaut und im Stil ihrer Zeit (1880–1932) eingerichtet wurden. Auf dem Kindereiland wird in „Siberie" das Leben um 1930 nachgespielt. *Tgl. 10–17 Uhr, Freilichtmuseum nur April–Okt. | Eintritt 16 Euro, MK | Wierdijk 20–22 | zuiderzeemuseum.nl*

ESSEN & TRINKEN

DE DRIE HARINGHE
Klassische Küche von hoher Qualität in einem ehemaligen Warenhaus. Im Sommer mit herrlicher Terrasse. *Mi–So ab 17 Uhr | Dijk 28 | Tel. 0228 31 86 10 | diedrieharinghe.nl | €€–€€€*

VAN BLEISWIJK
Café-Restaurant im alten Regentenhaus. *Tgl. 10–0 Uhr | Westerstraat 84–86 | Tel. 0228 32 59 09 | vanbleiswijk.nl | €€*

RUND UM ENKHUIZEN

🔽 MEDEMBLIK
20 km/20 min von Enkhuizen (Boot)
Im Sommer verkehrt zwischen Enkhuizen und Medemblik (7000 Ew.) ein Boot. Vor dem Bau des Abschlussdeichs war der älteste Ort Westfrieslands (10. Jh.) ein Handelshafen,

Einmal Waschen und Legen! Zum Zuiderzeemuseum gehört ein historischer Friseursalon

heute ist er vor allem Ziel für Wassersportler. Sehenswert sind die spätgotische Hallenkirche *Sint Bonifatius* (15./16. Jh.) und *Schloss Radboud* (1288). Die stilechte Rückreise ermöglicht eine historische Eisenbahn *(Ostern–Ende Nov. | Tel. 0229 21 48 62 | museumstoomtram.nl)*, die von einer Dampflok angetrieben wird. Die Bahn zuckelt etwa anderthalb Stunden lang durch die Landschaft. Beides ist als Kombitour für 21,50 Euro pro Person zu haben. *E4*

> **INSIDER-TIPP**
> **Mal richtig Dampf ablassen**

8 HOORN

18 km/20 min von Enkhuizen (Auto)

Die Stadt Hoorn (72 000 Ew.) wurde im 14. Jh. von norddeutschen Kaufleuten gegründet und war einmal einer der wichtigsten Sitze der VOC. Heute sind Tourismus und Wassersport ihre Haupteinnahmequellen. Wer durch die Gassen der Stadt geht, findet noch 300 entzückende Gebäude aus dem Goldenen Zeitalter vor.

> **INSIDER-TIPP**
> **Flanieren wie im Freilichtmuseum**

Gegenüber der Stadtwaage birgt das 1632 erbaute Proostenhuis das *Westfries Museum (Mo–Fr 11–17, Sa/So 13–17 Uhr | Eintritt 9 Euro, MK | Rode Steen 1 | wfm.nl)* mit Sammlungen zur Stadtgeschichte. Ein hinreißend altertümliches Interieur hat das Restaurant *De Hoofdtoren (tgl. | Hoofd 2 | Tel. 0229 21 54 87 | hoofdtoren.nl | €€)*. Der Hafenturm wird von Kerzen erleuchtet. *E5*

9 EDAM

40 km/35 min von Enkhuizen (Auto)

Weltberühmt wurde Edam (7400 Ew.) durch die kugelrunden Käse, die hier schon im 17. Jh. verkauft wurden. Heute ist der Ort mit hübschem historischen Zentrum eher ruhig. An der Waage: Käsemarkt mittwochmorgens im Juli und August. Feine Küche in einem altholländischen Haus bietet *De Fortuna (Spuistraat 3 | Tel. 0299 37 16 71 | fortuna-edam.nl | €€)*. *E5*

10 VOLENDAM

44 km/40 min von Enkhuizen (Auto)

Das Markenzeichen von Käsefrau Antje aus der Werbung, die Spitzenhaube *hulletje*, wurde in diesem viel besuchten Fischerdorf erfunden (18 000 Ew.). Es hat als Werbeträger bereits Sängern und Fußballern zum Erfolg verholfen. Interessant ist die Holzkirche von 1685, kurios das *Hotel Spaander (Haven 15 | Tel. 0299 36 35 95 | hotel spaander.com | €€)* am Hafen wegen seiner altholländischen und künstlerischen Atmosphäre (mit Restaurant).

Vom Volendamer Hafen aus bringen dich Boote nach ⭐ *Marken*, das früher eine Fischerinsel war (man kann sie auch über einen Damm erreichen). Das Museumsdorf Marken ist das calvinistische Gegenstück zum lebensfrohen katholischen Volendam. Die Holzhäuschen sind in Grün, Silbergrau oder Teerschwarz gestrichen. Wie beengt die Fischerfamilien früher gewohnt haben, siehst du im *Marker Museum (Mo–Sa 10–17, So 12–16 Uhr | Eintritt 3 Euro | Kerkbuurt 44–47 | markermuseum. nl)*. *E5*

11 MONNICKENDAM

48 km/45 min von Enkhuizen (Auto)

An die ruhmreiche Vergangenheit dieser einst wohlhabenden Stadt erinnern nur noch einige *Bürgerhäuser*, das *Rathaus* und die *Grote Kerk* (14. Jh.) an. Wie Hoorn und Enkhuizen war Monnickendam (11 000 Ew.) damals eine große Hafenstadt, bis sie vom Konkurrenten Amsterdam überflügelt wurde und schließlich verfiel. Es bleiben eine nostalgische Atmosphäre und der Yachthafen mit Aalräuchereien und Imbissen am Wasser. *E5*

12 BROEK IN WATERLAND

65 km/70 min von Enkhuizen (Auto)

Ein wahres Hollandidyll ist dieses Dorf (2000 Ew.) mit seinen hübschen Holzhäuschen. Besonders malerisch ist das Viertel *Havenrak,* einst der Ortshafen. Gemütlich sitzt du im Café *De Witte Swaen (tgl. | Dorpsstraat 11/13 | €)* in einem Haus von 1596. Kinderfreundliche Spezialität: Pfannkuchen.

Lust auf einen Tee im Grünen? Dann ist die *Theeschenkerij (April–Nov. Sa/So 12–17 Uhr | Zuiderwouderdorpsstraat 78 | Tel. 020 4 03 11 11 | ttuin. nl | €)* einen Abstecher wert. Versteckt am Rand des Dörfchens *Zuiderwoude* (4 km entfernt) liegt das schmucke Anwesen. Im Garten wird formvollendete britische Teekultur mit köstlichen Sandwiches und Kuchen gepflegt. Die Gäste kommen mit dem Rad, dem Auto oder dem Boot – es gibt einen eigenen Anleger. *E5*

INSIDER-TIPP
Höchste Zeit für High Tea

FLEVOLAND

(E–G 5–6) **Bei einer Reise durch die „Meeresprovinz" werden Besucher daran erinnert, wie der Mensch dem Wasser das Land abgerungen hat. Das platte Flevoland liegt bis zu 5 m unter dem Meeresspiegel.**

Tatsächlich ist die jüngste Provinz der Niederlande eine zwischen 1942 und 1968 aus dem Meer gewonnene Kunstlandschaft – mit einer durchaus bizarren Atmosphäre. Hauptstadt mit 78 000 Ew. ist *Lelystad (G5)*, viele Dörfer im Umland sind auf dem Reißbrett entstanden. Das 1410 km² große Gebiet gibt sich mit 21 Yachthäfen und rund 7000 Liegeplätzen wassersportfreundlich. Darüber hinaus fallen die experimentellen Bauten der Schlafstadt Almere und das Naturschutzgebiet *Oostvaardersplassen* mit Seen, Sumpf und Wäldern auf.

ZIELE IN FLEVOLAND

13 BATAVIA STAD

Großes Outletcenter mit Shops bekannter Marken. Günstige Damen-, Herren- und Kindermode, Sportkleidung, Taschen und Kosmetik. *Mo–Fr 10–18, Sa/So 10–20 Uhr | Bataviaplein 60 | Lelystad | bataviastad.nl | F5*

14 BATAVIA-WERFT

Die fast 60 m lange Batavia sank 1628 während ihrer Jungfernfahrt vor der Küste Westaustraliens. In diesem Museum wurde der Dreimaster rekonstruiert. Im Besucherzentrum gibt es Werkstätten und eine Taverne zu besichtigen. *Tgl. 10–17 Uhr | Eintritt 14 Euro | Oostvaardersdijk 1–9 | Lelystad | bataviawerf.nl |* ⏱ *2,5 h |* 🗺 *F5*

15 NIEUW LAND ERFGOEDCENTRUM

Der Kampf gegen das Wasser begleitet die Geschichte der Niederlande als feste Größe. In diesem futuristisch anmutenden Gebäude wird die beeindruckende Historie auch dank interaktiver Elemente ganz plastisch. Alte Filme und Fotos veranschaulichen die Landgewinnung und den Deichbau. *Mo–Sa 10–17, So 11–17 Uhr | Eintritt 14 Euro, MK | Oostervaardersdijk 113 | Lelystad | nieuwlanderfgoed.nl |* ⏱ *1,5 h |* 🗺 *F5*

16 SCHOKLAND ⭐

Schokland ragt als einziger Hügel aus seinem ansonsten flachen Umland heraus. Der Grund: Es handelt sich um eine ehemalige Insel, die einst der Zuiderzee getrotzt hat, inzwischen aber eingepoldert wurde. Die Bewohner hindert dies nicht daran, ihre ganz eigenen Traditionen und Bräuche auch weiterhin zu pflegen – seit 1996 als Teil des Weltkulturerbes der Unesco. Die winzige Siedlung besteht aus einer kleinen Kirche, ein paar Häusern, dem Museum und einem Restaurant. *April–Okt. Di–So 11–17, Nov.–März Fr–So 11–17 Uhr | Eintritt 6 Euro | schokland.nl |* 🗺 *F5*

17 URK

17 Kirchen zählt die Gemeinde Urk. Noch heute ist es hier verboten, an Sonntagen zu arbeiten. Die Frömmigkeit stammt aus der Zeit, als das 966 erstmals erwähnte Urk eine Insel im offenen Meer war. Durch den Bau des Afsluitdijk und die anschließende Ein-

Trocken gefallen: Das idyllische Schokland lag einst sturmumbraust in der wilden Zuiderzee

polderung der Insel hat sich die Lebenssituation seiner Einwohner (20 000) dramatisch geändert. Sehr lebendig geht es jeden Freitag in Urk zu, wenn die Fischtrawler, die modernsten Hollands, vom Fang zurückkehren. Das Plateau am alten Leuchtturm bietet einen herrlichen Panoramablick über das Dorf. Im Juli und August findet täglich um 16 Uhr eine anderthalbstündige Minikreuzfahrt über das Ijsselmeer statt (12,50 Euro | Burg. J. Schipperkade | Tel. 06 53 60 88 13 | de-zuiderzee.nl). Dieselbe Reederei betreibt auch einen Fährdienst nach Enkhuizen (15 Euro | Mo–Sa, Abfahrt 9 u. 16 Uhr). Am Hafen gibt es einige Fischrestaurants, u. a. De Kaap (tgl. | Wijk 1–5 c | Tel. 0527 68 15 09 | €€). ⌐ F5

INSIDER-TIPP
Übers IJsselmeer cruisen

SPORT & SPASS

WALIBI HOLLAND 👥

Vergnügungspark mit Kart- und Achterbahnen, Riesenrad, Zauberschloss und und und. *April–Juni tgl. 10–17, Juli/Aug. tgl. 10–20, Sept./Okt. Sa/So 10–18 Uhr | Eintritt ab 27,50, Parken 8,50 Euro | Spijkweg 30 | Biddinghuizen | walibi.nl | ⌐ F5*

FRIESLAND

(⌐ E–H 1–3) **An den Autos sieht man die Aufkleber FRL, und überall weht die friesische Flagge mit den sieben roten Seerosenblättern.**

In *Fryslân* sind die Leute stolz, keine Holländer zu sein. Und sie kultivieren mit dem Friesischen ihre eigene Spra-

Funktioniert noch immer perfekt: das Eisinga-Planetarium, ein Weltall an der Zimmerdecke

che. Die meisten Ortsschilder sind zweisprachig beschriftet: So heißt etwa die Provinzhauptstadt *Leeuwarden* auch *Ljouwert* und das Städtchen *Franeker* trägt auch den Namen *Frjentsjer*. Die relativ dünn besiedelte, ländliche Provinz ist vor allem wegen ihrer Naturschönheiten und historischen Orte bekannt. Die IJsselmeerküste und die friesischen Seen machen sie zum Wassersportparadies – Strände gibt es dagegen wenige. Wenn es im Winter einmal richtig friert, findet hier die *elfstedentocht* statt: ein Eislaufmarathon über Grachten und Kanäle entlang elf historischer Städte. Auch kulinarisch hat Friesland einiges zu bieten. Berühmt sind der nelkengespickte *nagelkaas* und der Berenburger Schnaps.

ZIELE IN FRIESLAND

18 LEEUWARDEN (LJOUWERT)

Das Label der Europäischen Kulturhauptstadt hat ausgedient? Nicht, wenn du nach Leeuwarden schaust. Die charmante Provinzhauptstadt (110 000 Ew.) hat seit 2018 einen enormen Schub erlebt, als sie sich die Ehre der Europäischen Kulturhauptstadt mit Valetta auf Malta teilte. Für einen ersten Überblick eignet sich der bedenklich schiefe und 40 m hohe *Oldehove Toren (Mai–Okt. Di–So 13–17 Uhr | Eintritt 3,50 Euro | Olderhoofsterkerkhof 1).* Die *Grote Kerk (Jacobijnerkerkhof 95)* stammt aus dem 13. Jh. Im *Fries Museum (Di–So 11–17 Uhr | Eintritt 16 Euro, MK | Turfmarkt 1 | friesmuseum.nl | ⊙ 2 h)* gibt es Ausstellungen zu Archäologie und Textilverarbeitung zu sehen, eine

Sammlung von Silberarbeiten und moderne Kunst. Im angeschlossenen *Eysingahuis* fühlst du sich so, als wärst du bei einer adeligen Friesenfamilie zu Gast. Ein Vermächtnis der Kulturhauptstadtwürde sind die elf Springbrunnen (Standorte unter *11fountains.nl*), die fortan als kreatives Bindeglied zwischen den elf friesischen Städten fungieren sollen. Kinder haben ihren Spaß im 👀 *Aquazoo (Nov.–Feb. 10–16, März, Okt. 10–17, Mai–Sept. 10–18 Uhr | Eintritt ab 3 Jahren 17 Euro, online günstiger | de Groene Ster 2 | aquazoo.nl)* mit Seehunden und Pinguinen, Ottern und Wallabies. Das Restaurant *Sems (Di–So ab 16 Uhr | Gouverneursplein 36 | Tel. 058 2 16 22 14 | semsleeuwarden.nl | €€)* überzeugt mit dem modernen Konzept, Probierportionen zum kleinen Preis aufzutischen. Die Bäckerei *Salverda (Kleine Kerkstraat 34 | salverda-banket.nl)* ist berühmt für ihren aromatischen *Fryske Oranjekoeke*, eine Kuchenspezialität der Region. ▢ F2

> **INSIDER-TIPP**
> Frisch & friesisch

19 FRANEKER (FRJENTSJER)

Wenig erinnert daran, dass dieses verschlafene Grachtenstädtchen mit seinen 12 000 Einwohnern einmal eine bedeutende Universitätsstadt war. Sogar René Descartes hat hier im 18. Jh. studiert. Die Hauptattraktion ist denn auch eine wissenschaftliche Sensation: Das 1781 vollendete *Eisinga-Planetarium* ist nach wie vor voll funktionsfähig *(Di–Sa 10–17, So 13–17 Uhr |*

> **INSIDER-TIPP**
> Ein Universum im Wohnzimmer

In Workum werden seit 300 Jahren Plattbodenschiffe für Frieslands seichte Kanäle gebaut

Eintritt 5,25 Euro | Eise Eisingastraat 3 | planetarium-friesland.nl | ⏱ 1 h). Entworfen und gebaut hat es der Wollkämmer Eise Eisinga, der seinen Zeitgenossen mit dem blau-goldenen Konstrukt an seiner Wohnzimmerdecke die Angst vor einem Zusammenstoß der Planeten nehmen wollte. *⊞ F3*

🔟 HARLINGEN (HARNS)

Als Fährhafen nach Terschelling und Vlieland ist Harlingen (17 000 Ew.) ein idealer Ausgangspunkt für Fahrten durchs Wattenmeer. Doch du solltest die kleine Seefahrerstadt keinesfalls links liegen lassen: Im geschlossenen Stadtkern haben mehr als 500 historische Gebäude den Jahrhunderten getrotzt – darunter einige sehr ansehnliche Lagerhäuser. Im Hannemahuis befindet sich das

Städtische Museum (Di–So 12–17 Uhr | Eintritt 5 Euro | Voorstraat 56 | hannemahuis.nl | ⏱ 1 h). Die Zubereitung frischen Fischs ist die Kernkompetenz von *De Tjotter (tgl. ab 12 Uhr | St. Jacobstraat 1–3 | Tel. 0517 41 46 91 | detjotter.nl | €€). ⊞ F3*

🔢 MAKKUM

Seit es als Fischerdorf ausgedient hat, freuen sich Besucher des hübschen Städtchens am IJsselmeer über die Bootstouren aller Art, die von seinem Hafen aus starten. Segler wissen den großen Yachthafen zu schätzen, während die Kapitäne von Motorbooten von hier aus die Kanäle im Inland erkunden. Dienstags und donnerstags *(Juni–Aug.)* startet um 14 Uhr am *Turfmarkt* eine zweistündige *Kanalrundfahrt (Preis 10 Euro | Reservierung:*

preamke@makkum.nl) im offenen Boot. ⊞ *F3*

22 WORKUM (WARKUM)

Plattbodenschiffe aus Holz sind das Alleinstellungsmerkmal dieses Dorfs (4000 Ew.). Damit können die Kanäle befahren werden, die ins IJsselmeer und zu den umliegenden Yachthäfen führen. Wenn du sehen möchtest, wie die Boote gebaut werden, besuche die 300 Jahre alte Werft *De Hoop (Seburch 7 | Tel. 0615 06 03 82 | werf dehoop.nl),* wo die Wasserfahrzeuge auch restauriert und vermietet werden. ⊞ *F3*

23 HINDELOOPEN (HYLPEN)

Auffallend hübsche *Commandeurshuizen* und fotogene, alte Holzbrücken sind die Vorzüge des friesischen Seefahrerstädtchens, das auf eine ruhmreiche Vergangenheit als Hansestadt zurückblickt. Heute macht die Stadt (900 Ew.) einen verträumten Eindruck. Wahrzeichen ist die mehrmals umgebaute *Kirche* mit ihrem wuchtigen viereckigen *Turm.* Auch die traditionellen Trachten und die bunte Möbelmalerei genießen einigen Ruhm. Mehrere Ateliers verkaufen Hindelooper Möbel. In der *Marina Hindeloopen (Tel. 0514 68 46 84)* haben 550 Segelboote Platz. ⊞ *F3*

24 SNEEK (SNITS)

Das mit zwei Türmchen verzierte *Wassertor* (1613) ist das fotogene Wahrzeichen Sneeks. Die zweitgrößte Stadt (34 000 Ew.) Frieslands liegt mitten im Seengebiet und gilt als Hochburg des Wassersports, alle Seen und Flüsse der Gegend sind miteinander verbunden. Am Sneeker Meer liegt einer der größten Yachthäfen Europas. Im Zentrum buhlt das Rathaus mit einer für Friesland seltenen Rokokofassade um Aufmerksamkeit. Im *Fries Scheepvaart Museum (Mo–Sa 10–17, So 12–17 Uhr | Eintritt 7,50 Euro, MK | Kleinzand 14 | friesscheepvaartmuseum.nl | ⏱ 1,5 h)* sind Schiffsmodelle, Keramiken und alte Kostüme zu sehen. ⊞ *F3*

SCHÖNER SCHLAFEN AM IJSSELMEER

EIN BETT IM HAFENKRAN

Du wolltest schon immer mal in einem Leuchtturm schlafen? Das ist mit ein bisschen Planung bei *Dromen aan Zee (Havenweg 1 | Tel. 0517 41 44 10 | dromenaanzee.nl | €€€ | f F3)* in Harlingen möglich, wo ein ausgemustertes Exemplar zu einer coolen Suite umgemodelt wurde. Alternativ stehen auch ein *Hafenkran* und ein *Rettungsboot* als Schlafplätze zur Verfügung. Der Andrang ist groß, daher rechtzeitig reservieren!

ACHTUNG AIRSTREAM

Nostalgisches Urlaubsflair in den Dünen. Dieses Verlangen erfüllt der *Campingplatz De Lakens (Zeeweg 60 | Bloemendaal aan Zee | Tel. 023 5 41 15 70 | campingdelakens.de | €–€€ | f D6)* westlich von Haarlem mit original amerikanischen Wohnwagen, die vollständig eingerichtet sind. Vor allem in der ruhigen Nebensaison eine wunderbare Sache.

WEST FRIESISCHE INSELN

ZIEMLICH NAH UND WEIT WEG

Kernzeit Fähre betreten, tief durchatmen, dem Geschrei der Möwen zuhören und verträumt in die Ferne blicken. Wenn mit Texel oder eine der anderen Westfriesischen Inseln das Ziel in greifbare Nähe rückt, weicht die Vorfreude blanker Euphorie: endlich Ruhe, frische Luft und dieses himmlische Licht! Egal ob auf Texel, Vlieland, Terschelling, Ameland oder Schiermonnikoog, alle fünf Inseln lösen das Versprechen von Erholung abseits der Hektik mit spielerischer Leichtigkeit ein.

Auf Texel kann man in der Dünenlandschaft verschwinden

Dabei sind die Strände ebenso weitläufig wie sauber. Die Nordsee ist auch an windstillen Tagen temperamentvoll genug, stattliche Wellen zu produzieren. Und frischen Fisch und leckere Meeresfrüchte liefert sie gleich dazu. Kurzum: Die Wattenmeerinseln sind ein herrliches Urlaubsrevier, das der Natur viele Freiräume bietet. Wer es nicht so lange an einem Ort aushält, kann durch Inselhüpfen für Abwechslung sorgen. Alternativ bleibt eine Wattwanderung, die auch mit der Suche nach Austern kombiniert werden kann.

WESTFRIESISCHE INSELN

Noordzee

Terschelling
S. 101

8 De Boschp

West-
Terschelling

Stryper Totenacker

12 **10**

Brandaris **9** **11** **13** Centrum voor
Natuur und Landschap

't Behouden Huys

Strand von Vlieland   De Noordwester

Cranberryvlakte **6** **5** **7** **3** Tromp's Huys

Leuchtturm
von Vlieland

Vlieland ★
S. 97

15 km, 3 Std.

4 Vliehors

Harlingen

33 km, 45 Min.

Texel
S. 94

1 Ecomare ★

📍 Boerderij Eethuis Catharinahoeve ★

2 Kaap Skil

2 km, 20 Min.

Den Helder

Bolswar

Julianadorp

Anna Paulowna

NOORD-HOLLAND

IJsselmeer

10 km
6.21 mi

Schagen

Schiermonnikoog S. 108
Strand von Schiermonnikoog
Eilander Balgexpress ★
Bezoekers- **19** **20** Bunker
centrum

Leuchtturm
von Ameland
16
15
Hollum ★
14 Ballum
18 **17** Natuurcentrum Ameland
Nes
Strand von Ameland
Ameland S. 105

10 km,
45 Min.

Lauwersoog

NEDERLAND

Dokkum

Stiens

Buitenpost

Zuidhorn

A31

Leeuwarden

Burgum

Leek

aneker

FRIESLAND

Drachten

A32

A7

Steenwijk

MARCO POLO HIGHLIGHTS

★ **BOERDERIJ EETHUIS CATHARINAHOEVE**
Dicke Pfannkuchen in einem alten
Bauerhaus mit offenem Kamin ➤ S. 95

★ **EILANDER BALGEXPRESS**
Treckertour über einen der breitesten
Sandstrände Europas auf
Schiermonnikoog ➤ S. 109

★ **VLIELAND**
Viel Inselgefühl ganz ohne Autos und mit
riesiger Sandfläche ➤ S. 97

★ **HOLLUM**
Die alten Kapitänshäuser in dem schönen
Ort auf Ameland wirken wie aus einer
Puppenstubenwelt ➤ S. 105

★ **ECOMARE**
Süße Seehunde mit Krankheitsgeschichte
werden für das Leben im Meer
aufgepäppelt ➤ S. 94

TEXEL

(◫ D3) **Die Überfahrt dauert kaum 20 Minuten. Doch Texel ist eine andere Welt: Saftige Wiesen, reizvolle Dörfer, das kräftige Licht und die salzige Luft machen den Aufenthalt zu einem Fest.**

Texel (sprich: Tessel) ist die größte Insel im niederländischen Teil des Wattenmeers. Doch auch zwischen dem Fähranleger bei 't Horntje im Süden und dem mächtigen Leuchtturm bei De Cocksdorp im Norden leben nur knapp 13 000 Menschen. Besuchern steht also ausreichend Freiraum zur Entfaltung zur Verfügung. Sei es an den Stränden der Westküste, im Wattenmeer der Ostküste, in den üppigen Dünen des Nationalparks Texel oder im renaturierten Wandergebiet De Slufter. Mit einer Ausdehnung von maximal 25 mal 12 km ist die Insel auch von überschaubarer Größe und eignet sich perfekt zur Erkundung mit dem Fahrrad. Abgetrennte Radwege und exklusive Strecken durch die Dünen mit einer Gesamtlänge von 120 km garantieren Sicherheit und Vergnügen. Langweilig also wird es auf Texel garantiert nicht. Auch die Inseldörfer leisten dazu einen wichtigen Beitrag. Der Inselhafen Oudeschild und das altehrwürdige Walfängerdorf Den Hoorn geben sich ebenso verträumt und altmodisch wie De Waal und Oosterend. Den Burg hingegen ist die inoffizielle Inselhauptstadt. Neben einem geschäftigen Zentrum überrascht das Dorf auch mit einer Auswahl guter Restaurants. De Koog schließlich beansprucht die Rolle der Strandkapitale: Hier findest du typisch niederländische Kneipen, Diskos, die meisten Unterkünfte und die immer besser werdenden Strandpavillons. Einige Furore hat in jüngerer Vergangenheit das Inselbier gemacht. Es heißt *Skuumkoppe* (Schaumkrone) und fließt fast überall aus dem Zapfhahn.

ZIELE AUF TEXEL

1 ECOMARE ⭐ 🏳 🏕

Seehunde sind die unumstrittenen Stars des Naturzentrums Ecomare. Die Tiere leben hier nicht unter zooartigen Bedingungen. Vielmehr handelt es sich um Patienten, die vorzugsweise nur vorübergehend zu Gast sind, um nach überstandener Krankheit zurück ins Meer entlassen zu werden. Auch die anderen Nordseebewohnern hier lohnen einen Blick: Seesterne, Quallen und typische Fischsorten bevölkern die Meeresaquarien. Eine Ausstellung zur Entwicklungsgeschichte Texels rundet das Angebot ab. Die Seehunde übrigens werden Tag für Tag um 11.30 und 15.30 Uhr öffentlich gefüttert. *Tgl. 9.30–17 Uhr | Eintritt 13/9 Euro | Ruijslaan 92 | De Koog | ecomare.nl | ⏱ 3 h*

2 KAAP SKIL

Das Museum zur Seefahrtgeschichte von Texel besitzt eine große Sammlung mit Kuriositäten, die das Meer angespült hat.

INSIDER-TIPP
Strandgut im Museum

Neben dem modernen Ökoneubau ganz aus recycelten Dammwandplanken aus dem Noord-Hollandkanal gibt es alte Fischerhäuser und eine Wind-

An der Ostküste Texels liegt das hübsche Dorf gleichen Namens – Oosterend

mühle auf dem Außengelände zu besichtigen. *Di–Sa 10–17, So 12–17 Uhr | Eintritt 9 Euro | Heemskerckstraat 9 | Oudeschild | kaapskil.nl*

ESSEN & TRINKEN

BIJ JEF
Von Kalbsbries in Weißwein bis Aal mit Gurkenschaum – ambitionierte Küche. *Tgl. ab 18 Uhr (im Winter Mo/Di geschl.) | Herenstraat 34 | Den Hoorn | Tel. 0222 31 96 23 | bijjef.nl | €€€*

BOERDERIJ EETHUIS
CATHARINAHOEVE ⭐
Vorzügliche Pfannkuchen, die mit Käse und Lammschinken von der Insel zubereitet werden. In der Mitte des gemütlichen Bauernhauses steht ein offener Kamin – perfekt zum Aufwärmen nach einer Wanderung im Wind. *Tgl. ab 10 Uhr (im Winter nur Fr–So ab 16 Uhr) | Rozendijk 17 | Den Burg | Tel. 0222 31 76 14 | catharinahoeve-texel.nl | €*

T PAKHUUS
Historisches Speicherhaus am Hafen mit moderner Einrichtung. Besonders schön sitzt du in der zweiten Etage. Die Küche verwendet fast ausschließlich regionale Produkte. *Tgl. ab 11 Uhr | Haven 8 | Oudeschild | Tel. 0222 31 35 81 | pakhuus.nl | €€€*

PAAL 17
Fernab der Zivilisation lockt dieser Strandpavillon mit überraschend gutem Essen. Bei schlechtem Wetter wird der Blick auf die tosende See von gemütlichem Kaminfeuer begleitet. *Tgl. ab 10 Uhr | Ruijslaan 92 | De Koog | Tel. 0222 31 76 14 | paal17.com | €*

INSIDER-TIPP
Premiumplatz am Feuer

SHOPPEN

KÄSEBAUERNHOF WEZENSPYK
Auf dem Bauernhof wird echter Texeler Schafs- und Ziegenkäse produziert

und verkauft. Ein Klassiker des Hauses ist der *orekéés*, dem das Dünengemüse *lamsoor* (Strandflieder) beigegeben wird.

INSIDER-TIPP
Flieder im Käse

April–Okt. Di–Sa 9.30–17 Uhr | Hoornderweg 29 | Den Burg | wezenspyk.nl

VISCENTRUM VAN BEEK

Snackbar und Fischladen, gute Auswahl an frischem Fisch für Selbstversorger. *Mo–Sa 11–19 Uhr | Dorpsstraat 109 | De Koog | visvanbeek.nl*

SPORT & SPASS

Hochseefischen ohne Angelschein? Das ist auf Texel möglich, denn sowohl die Fischereizone als auch Küstengewässer und das Meer stehen Sportfischern *(z. B. bei sportvissen texel.nl)* offen. Eine extravagante Freizeitoption sind *Tandemsprünge mit dem Fallschirm (ab 199 Euro | para centrumtexel.nl)*. Bodenständige Optionen bieten die Tennis- und Squashplätze. Toll sind die Rundfahrten durchs Wattenmeer an Bord der *Texel 44 (Di–So | 12,50 Euro | tx44.nl)*.

AUSTERN SAMMELN

Als *Oesterman* führt Martin Zeeman durchs Watt und hilft beim Suchen von Austern, Herzmuscheln und Seeschnecken – Direktverkostung inbegriffen. *Termine abhängig von den Gezeiten | Start am Deich in Cocksdorp | Reservierung auf der Website oder unter Tel. 06 12 80 84 95 | detes selseoesterman.nl*

INSIDER-TIPP
Meeresfrüchte pflücken

SEEHUNDBÄNKE-FAHRT

Ausflug nach Vlieland und Wattfahrten zu den Seehundbänken mit *De Vriendschap (29,50, Kinder 12,50 Euro | Tel. 0222 31 64 51 | waddenveer. nl)* von Ende April bis September.

GARNELENFANG

Mit dem Schiff auf Grund laufen? Das ist die Spezialität des *Garnelenkutters TX 10 Emmie (Mo–Sa | Haven 10 | Souvenirgeschäft | Tel. 06 51 49 86 14 | vbfahrt im Hafen Oudeschild | hetwa dop.nl),* der seinen Passagieren anschließend eine Wattwanderung ermöglicht. Ein Erlebnis!

ZWEMPARADIJS CALLUNA

Spaßbad auf Texel mit 85 m langer Rutsche, einer Wildwasserbahn, Wassermassagebänken und Solariumgrotte. *Tgl. zu wechselnden Öffnungszeiten, min. 10.30–15.45 Uhr | Eintritt 9,50, Kinder 5,50 Euro | Schumakersweg | De Koog | roompotzwemparadijs.nl*

AUSGEHEN & FEIERN

Auf der Insel schließen Kneipen und Diskos um 1 Uhr, danach darf niemand mehr eingelassen werden. Die Musik wird um 2 Uhr leiser, um 3 Uhr müssen sich die letzten Gäste auf den Weg machen.

DEN BURG

Am Hauptplatz des größten Dorfs der Insel – die Hälfte aller Texel-Bewohner lebt hier – ist am Abend immer etwas los, wie etwa verschiedene Veranstaltungen im großen Saal des Hotels *Lindenboom*. *Café De Slock* ist eine echt holländische holzvertäfelte Kneipe.

DE KOOG

1909 eröffnete hier das erste Strandhotel. Heute ist De Koog die Touristenhochburg der Insel. Hier werden die Bürgersteige abends nicht ganz so schnell hochgeklappt wie andernorts auf Texel. Entlang der Dorpsstraat reiht sich Kneipe an Kneipe und Bar an Bar. Z.B.: *Café de Jutter (Dorpsstraat 144), Bilder (Dorpsstraat 7), Café de Kuip (Dorpsstraat 75).*

FÄHRE

Den Helder–Texel: *Reederei Teso | Personen ab 12 Jahren 2,50, Pkw 37 Euro | Abfahrt Den Helder mindestens std. von 8.30–21.30 Uhr | keine Reservierung | teso.nl)*

VLIELAND

(▯ D–E2) **Wie alle Inseln zwischen Wattenmeer und Nordsee bewegt sich ★ Vlieland mit Wind und Wellen langsam, aber stetig Richtung Festland.**
Die Nordsee ist gierig. Bestes Beispiel für den Hunger des Meers nach Land ist die jüngere Geschichte Vlielands.

Viel Platz für Pferde- und andere Stärken: Vlieland ist bei Radlern wie Reitern beliebt

Noch im 18. Jh. gab es auf der Insel mit West- und Oost-Vlieland zwei Dörfer. West-Vlieland aber versank zwischen 1717 und 1727 durch Sturmfluten im Meer. Der Rest der Insel, 20 km lang und nur bis zu 2 km breit, besteht aus Dünen, Wiesen, Wald und einem 12 km langen, herrlichen Sandstrand. Im 19. Jh. bestimmte der Walfang das Bild der Insel. Von Vlieland stammten etwa 70 Kapitäne. Einige ihrer herrlichen *Commandeurshuizen* sind in Oost-Vlieland noch zu sehen. Heute leben die etwa 1150 Ew. im einzigen Dorf. Das Fahrrad ist das zweckmäßigste Verkehrsmittel auf der fast autofreien Insel. Ein 26 km langer Rundweg führt rund herum. Vor allem Niederländer besuchen Vlieland. Die meisten mieten sich auf den beiden

INSIDER-TIPP
Insel-Umrundung

Campingplätzen (3500 Stellplätze) ein. An den Stränden ist in markierten Abschnitten FKK gestattet. Wegen ungünstiger Wind- und Strömungsverhältnisse ist die Insel kein Ziel für Surfer, dafür zieht sie aber Reiter an. Das denkmalgeschützte Oost-Vlieland besteht aus nicht viel mehr als zwei Straßen. Die mit alten Bäumen begrünte, holprige Dorpsstraat erinnert mit ihren gepflegten historischen Häusern an die alten Zeiten; dort konzentrieren sich die Cafés, Restaurants und Geschäfte.

ZIELE AUF VLIELAND

3 TROMP'S HUYS

Historisches Inselmuseum im ältesten Haus Vlielands (von 1575), in dem die Ranghöchsten der Vereinigten Ostindischen Kompanie ihren Sitz hatten. Das Gebäude ist nach Cornelis Tromp

Heidelbeerparadies: Das Posthaus ist auch wegen seiner Marmelade einen Ausflug wert

benannt, einem berühmten holländischen Admiral, der sich im 17. Jh. einmal hier aufhielt. *Di–Do, Sa 14–17, Fr 10–13 Uhr | Eintritt 5 Euro | Dorpsstraat 99 | trompshuys.nl | ⏱ 45 min*

4 VLIEHORS

Im Westen Vlielands breitet sich die größte zusammenhängende Sandfläche Europas aus. Eine herrliche Landschaft, die allerdings einen großen Makel hat: Der Vliehors wird theoretisch von Montagfrüh bis Freitagnachmittag als Militärbasis genutzt. Bis heute üben hier zu seltenen Anlässen die Piloten von Kampfjets. Das Areal ist während dieser Zeitspanne nur an Bord des *Vliehors Express (16,50 Euro | Abfahrt Dorpsstraat 138 | Kartenverkauf bei Primera, Dorpsstraat 76 | vliehorsexpres.nl)* zugänglich. Der mächtige Geländewagen unternimmt tägliche Expeditionen in das 20 km² große Sandgeände. Optisches Highlight ist das *Drenkelingehuisje,* das einst als Unterschlupf für Schiffbrüchige gebaut wurde und bis heute einsam aus dem Sand herausragt. Am Wochenende dürfen Wanderer individuell das Gelände betreten. Mit etwas Glück siehst du auf den nahen Sandbänken, wie sich die Seehunde in der Sonne räkeln.

INSIDER-TIPP
Sonnenanbeter sichten

5 LEUCHTTURM

Auf einer 40 m hohen Düne wurde 1910 der nur 18 m hohe Leuchtturm errichtet, dessen Signale aber noch in 40 km Entfernung zu sehen sind. Die Aussicht über Insel und See lohnt die 218 Stufen. *Mi 14–16, Sa/So 10.30–12.00 Uhr*

6 CRANBERRYVLAKTE

Angeblich wurde im Jahr 1840 auf Terschelling ein Fass voller Cranberries angespült. Die fremden Beeren pflanzten sich schnell fort und gelangten dank der Seevögel auch nach Vlieland. Auf der 48 ha großen „Cranberryebene" westlich vom Leuchtturm ist man rundum von den Beerensträuchern umgeben.

7 DE NOORDWESTER

Besucherzentrum, das alle Informationen über das Eiland bereithält. Es ist zudem Treffpunkt für Vogel-, Watt- und Dünenexkursionen. *Mo–Fr 10–17, Sa/So 12–17 Uhr (im Winter kürzer) | Eintritt 5,75 Euro | Dorpsstraat 150 | Tel. 0562 45 17 00 | denoordwester.nl*

ESSEN & TRINKEN

HET ARMHUIS

Das Restaurant samt Café ist in einem uralten Pfarrhaus untergebracht, das 1678 zum Seefahrerheim umfunktioniert wurde. Gegessen wird im früheren Speisesaal am offenen Kamin. *Tgl. | Kerkplein 6 | Tel. 0562 45 19 35 | armhuis.com | €€€*

POSTHUYS

Die alte Poststation diente einst den Postreitern, die von 1677 bis 1927 die *Zeebrieve* von Amsterdam via Texel nach Vlieland brachten. Es liegt etwa 8 km westlich vom Ortskern und bietet sich als Belohnung nach einer Wanderung oder einer Radtour an.

Ob wild oder kultiviert: Auf Terschelling blüht dir was

Von der herrlichen Terrasse willst du nicht mehr weg. Spezialität ist hier das Gebäck mit köstlicher Heidelbeermarmelade. *Tgl. | Postweg 4 | Tel. 0562 45 12 82 | posthuysvlieland.nl | €*

STRANDPAVILLON BADHUYS
Der einzige Strandpavillon auf Vlieland wurde 2017 zum besten der Niederlande ausgerufen. Kroketten schmecken mit Blick aufs Meer ebenso wie frische Pasta. *Tgl. | Badweg 3 | bei Pfahl 50/51 | Tel. 0562 45 19 92 | badhuys.com | €€*

DE WADDEN
Im empfehlenswerten Restaurant vom *Hotel De Wadden* wird Fisch in allen Varianten serviert. *Tgl. | Dorpsstraat 61 | Tel. 0562 45 26 26 | westcordhotels.de | €€*

SPORT & SPASS

TEXELFAHRTEN MIT „DE VRIENDSCHAP"
Die Fahrt nach Texel mit dem umgebauten Motorfrachtboot *De Vriendschap* ist spannend. Wegen der vielen Sandbänke kreuzt der Kapitän im Zickzackkurs. Auf Vlieland ist die Fahrt mit dem *Vliehors Express* inbegriffen. *Mai/ Juni, Sept. Di, Mi, Do, So 10.45, Juli/ Aug. tgl. 10.45 Uhr | 29,50 Euro | Abfahrt am Posthuys | waddenveer.nl*

FÄHRE

Harlingen–Vlieland: *Reederei Doeksen | Tel. 0562 44 20 02 | Abfahrtszeiten, Reservierung rederij-doeksen.nl | Normalfahrt ca. 1,5 Std., Schnellfähre 45 Min. | tgl. 9, 14, 19 Uhr, im Sommer öfter | Erwachsene 26,66/39,36 Euro, außerhalb der Hochsaison reduzierte Preise. Parkplätze in Harlingen am Hafen*

TER-SCHELLING

(⊞ E–F2) **Die Anreise nach Terschelling gleicht – gemessen an der Überfahrt nach Ameland oder Texel – fast einer richtigen Seereise: Die Autofähre benötigt nahezu zwei Stunden.** Schon von Bord der Fähre ist der *Brandaris* zu sehen. Der 54 m hohe Leuchtturm sendet seit 1594 seine Lichtsignale aus, was ihm den inoffiziellen Titel des Wahrzeichens der zweitgrößten Wattenmeerinsel beschert hat.

Ursprünglich wurde das Eiland *Schylge* genannt, was so viel wie „Abgeschiedenheit" bedeutet, noch heute bezeichnen sich viele Insulaner stolz als *Schylger*, was aber nicht bedeutet, dass sie abseits der Welt lebten.

Historisch betrachtet besteht die zweitgrößte Insel der Niederlande (110 km² groß, 5000 Ew.) aus drei Teilen: West, Midsland und Oosterend, die im Laufe der Zeit durch Sandaufschüttungen und Deichbau zu einem Eiland wurden. Die gesellschaftlichen Unterschiede zeigen sich bis heute in West-Terschelling, in Midsland und in Oosterend: In allen drei Orten sprechen die Einheimischen einen eigenständigen Dialekt, singen ihre eigenen Lieder und kultivieren jeweils ihren Dorfpatriotismus.

Die wohlhabende Insel ist die Heimat des Seefahrers und Entdeckers Willem Barentszoon, der 1555 hier geboren wurde. Er entdeckte 1594 die Westküste von Nowaja Semlja im Eismeer und zwei Jahre später Grönland. Nach ihm ist die Barentssee im Nordpolarmeer benannt.

Heute steht die 28 km lange Insel zum größten Teil unter Naturschutz: Fast die Hälfte belegt allein das 44 km² große Naturreservat *De Boschplaat* im Nordosten, im Westen liegt das pflanzenreiche Sandgebiet *Noordwarder,* wo diverse Orchideenarten wie der seltene Sumpf-Stendelwurz gedeihen.

INSIDER-TIPP
Ungezähmte Schönheiten

Insgesamt wachsen rund 600 verschiedene Wildpflanzen auf Terschelling, darunter die roten Cranberries, aus denen Likör, Marmelade und Wein hergestellt wird.

Der kilometerlange, weiße Sandstrand, stellenweise 500 m breit, zieht jährlich über 400 000 Besucher an, die Insel kommt auf rund 2 Mio. Anders als die anderen Westfriesischen Inseln aber ist Terschelling nicht nur Natur: Midsland ist mit seinen Bars und Diskotheken ein touristisches Zentrum, das zuweilen als holländisches Ibiza bezeichnet wird. Im Sommer feiert die Jugend hier exzessive Partys.

ZIELE AUF TERSCHELLING

🖲 DE BOSCHPLAAT

Das Naturschutzgebiet, das sich über ein Drittel der Insel erstreckt, ist ein Naturdenkmal und Brutplatz für seltene Vögel. In dem Biotop wachsen elf Orchideenarten. Charmante Exkursionen per Strandkutsche *(Mai–Dez.* |

20 Euro | Puur Teschelling | Oosterend 39, West aan Zee | vvvterschelling.nl)

9 BRANDARIS

Brandaris mit seinen 54 m Höhe ist der älteste Leuchtturm des Landes (1594). Das Inselwahrzeichen kann man nur von außen besichtigen. Der wuchtige Turm gehört heute zu den modernsten Zentralen der Küstenüberwachung.

10 STRYPER TOTENACKER

Die Grabsteine der Walfänger und Seefahrer sind alt, krumm und verwittert. Der älteste stammt von 1594. Bereits um 900 n. Chr. soll an dieser Stelle eine Kapelle gestanden haben. *Midsland*

11 'T BEHOUDEN HUYS

Histörchen über die Seefahrerlegende Willem Barentszoon sowie schwelgerische Einblicke ins Seenotrettungswesen und die Inselgeschichte stehen im Mittelpunkt des Inselmuseums. Untergebracht ist es in zwei Kapitänshäusern von 1668. *April–Okt. Di–Fr 11–17, Sa/So 13–17 Uhr, Mitte Juni–Sept. auch Mo 13–17 Uhr | Eintritt 6 Euro | Commandeurstraat 32 | West-Terschelling | behouden-huys.nl*

12 WEST-TERSCHELLING

Hauptort und Fährhafen, der einzige Naturhafen des Landes, ist West-Terschelling, seit dem 13. Jh. bewohnt. Erheblichen Wohlstand brachten der Wal- und Fischfang. An den alten Reichtum erinnern noch die hübschen Kapitänshäuser, die *Comman-*

deurshuizen, in der Dorfmitte. Am Hafen, in dem zahlreiche seetüchtige Oldtimer wie *Tjalken* und *Kuffen* liegen, stehen gepflegte alte Hollandhäuser.

13 CENTRUM VOOR NATUUR EN LANDSCHAP

Naturmuseum und Aquarium, viel Wissenswertes über die Nordseefauna und -flora. *April–Okt. tgl. 11–17, Nov.–März Sa/So/Di 11–17 Uhr | Eintritt 6, Kinder 4,50 Euro | Burgemeester Reedekkerstraat 11 | natuurmuseumterschelling.nl | ⏱ 45 min*

ESSEN & TRINKEN

D'DRIE GRAPEN

Bauernhof mit nostalgischem Interieur und Kamin. Traditionell holländische Karte. *April, Nov. Mi–So, Mai–Okt. Di–So, Dez. Do–So | Dorreveldweg 3 | Midsland | Tel. 0562 44 89 75 | restaurant-de-drie-grapen.nl | €€*

STRANDPAVILJOEN DE WALVIS

Strandpavillon mit schöner Aussicht auf Watt und ankommende Schiffe. Bei kalter Witterung wärmt die *Braune Bohnensuppe* gut durch. *Do–Di 10–20.30 Uhr (Küchenschluss) | Willem Barentskade 1 | West-Terschelling | Tel. walvis.org | €*

ZEEZICHT

Ein Café-Restaurant am Fährhafen, mit Aussichtsterrasse, Kuchen und Fischgerichten. *Tgl. | Willem Barentszkade 20 | West-Terschelling | Tel. 0562 44 29 52 | zeezicht-terschelling.nl | €–€€*

SHOPPEN

DE PIETER PEIT'S HOEVE

Der winzige Hofladen, das *kaaswinkeltje,* ist voll kulinarischer Spezialitäten der Insel, darunter Bio-Cranberrysaft, Seeasterhonig und Schafskäse. *Mo–Fr 10–18, Sa 10–17 Uhr | Buitenwalweg 6–8 | Lies | pieterpeitshoeve.nl*

SPORT & SPASS

ANGELN

Angelfahrten auf See gibt's meist ab frühmorgens, z. B. mit der *Talisman (15 Euro | Auskunft beim VVV)* auf Makrelen. Strandangeln ist bei Paal 19 möglich.

BADESTRÄNDE

Bewachte Badestrände findest du zwischen Paal 8 und 12. Die Pfähle *(paal),* insgesamt 28 Stück, geben die Abstände von einem Ende der Insel zum anderen in Kilometern an.

REITEN

Reitställe gibt es z. B. in Hoorn (*Terpstra | huifkarbedrijf-terpstra.nl*), in Formerum (*Pony-Centrum De Priarie | deprairie.wordpress.com*) und in Landerum bei *Familie Lok (rijpaarden verhuurlok.nl).*

SURFEN

Bei West-aan-Zee (Paal 9–10) treffen sich geübte Surfer, ebenso wie an der Wattenmeerküste bei Lies und am Yachthafen Dellewal von West-Terschelling.

WANDERUNGEN

Die Forstverwaltung der Insel hat sechs Wanderungen, die etwa 5–6 km lang sind, ausgearbeitet und in Falt-

Perfekter Orientierungspunkt: Brandaris, Terschellings 54 m hoher Leuchtturm

Nes auf Ameland: alte Häuser mit Puppenstubencharme

blättern beschrieben. *Auskunft beim VVV*

YACHTHAFEN

Idyllisch am Dellewal. Während der Hochsaison sind sechs nebeneinanderliegende Boote keine Seltenheit. *Tel. 0562 44 33 37*

AUSGEHEN & FEIERN

Die meisten Nachtclubs und Diskos haben Midsland und West-Terschelling. Unter den beliebtesten: *Braskoer (Torenstraat 32 | West-Terschelling), WYB (Oosterburen 11 | Midsland)* und *OKA 18 (Molenstraat 17 | West-Terschelling).*

CAFÉ LIEMAN

Älteste Kneipe der Insel, holzvertäfelt und meist voller Einheimischer. *Do–Di ab 15 Uhr | Westerbuurtstraat 27 | West-Terschelling*

DE GROENE WEIDE

Eine Institution auf Terschelling: In der urigen Kneipe ==trägt der Eigentümer Hessel van der Kooij mehrmals pro Woche selbstgeschriebene Lieder vor==. *Dorpsstraat 82 | Hoorn | hessel.nl*

INSIDER-TIPP
Der Boss von Terschelling

WEST-END THEATER

Einziges Theater der Insel, das gleichzeitig als Kino dient. Wie überall in den Niederlanden werden die Filme im Original mit niederländischen Untertiteln gezeigt. *Raadhuisstraat 2 | West-Terschelling*

FÄHRE

Harlingen–Terschelling: Passagiere haben die Wahl zwischen einer schnellen (45 Min.) und einer langsamen Fähre (2 Std.). *Hauptsaison ab*

26,66/39,36 Euro p. P., Auto ab 155 Euro, Pkw-Reservierung erforderlich | Tel. 088 9 00 08 88 | rederij-doeksen.nl. In der Nebensaison sowie frühmorgens/spätabends günstigere Tarife

AMELAND

(□ F–G 1–2) **Ameland eignet sich mit seinen gut ausgebauten Radwegen (mit *fietspompen*, Fahrradpumpen, am Weg) besonders gut zum Radeln.** Vier Dörfer, ein breiter ✈ Strand und ein eigenständiger Charakter. Dies genügt Ameland, um Jahr für Jahr weit oben in der Gunst gestresster Großstädter zu stehen. Die Dörfer Hollum, Buren, Nes und Ballum zählen gemeinsam nur 3200 ständige Bewohner – darunter auch so einige Seebären, die im Falle persönlicher Begegnungen nicht mit Seemannsgarn sparen.

Reich geworden sind die Insulaner im 17. Jh. durch den Walfang. Heute stehen lokale Produkte *(amelandsprodukt.nl)* wie Lamm, Käse, Bier und Sahneeis hoch im Kurs. Eine besondere Delikatesse ist der *Amelander Mosterd,* der in einer sehenswerten Windmühle hergestellt wird *(Di–Fr 10–12 u. 13–17, Sa 13–17 Uhr | Molenweg 6).*

SIDER-TIPP
Senf aus der Windmühle

ZIELE AUF AMELAND

14 BALLUM
In Ballum scheint sich seit dem 19. Jh. nicht allzu viel getan zu haben. Hier findest du herrliche alte Höfe, deren Baujahr du an den Ankerdatierungen ablesen kannst, und auch die *Hervormde Kerk* an der Dorfallee ist mit ihrer reich verzierten Kanzel aus dem 17. Jh. einen Besuch wert.

15 HOLLUM ★
Schönster und größter Inselort. An den mit Ziegelsteinen ausgelegten Straßen stehen Kapitänshäuser und Bauernhöfe, in der *Johan Bakkerstraat Nr. 6* findet man das älteste Haus der Insel von 1516. Wo Ooster- und Burenlaan sich treffen, liegt die *Hervormende Kerk* mit ihrem wuchtigen Kirchturm. Der *Friedhof* birgt den Grabstein von Hidde Dirks Kat, dem landesweit bekannten Kommandeur der Walfischfänger. Der Ameländer, dessen Schiff im Winter 1777–78 im Eismeer strandete, konnte sich retten. Nach anderthalb Jahren Irrfahrt kehrte er auf seine Insel zurück.

16 LEUCHTTURM
Eine Fernsicht bis zu den Nachbarinseln und zum Festland. Damit wird belohnt, wer die 235 Stufen bis zur 58 m hohen Plattform des weithin sichtbaren Leuchtturms von 1880 bei Hollum erklimmt – wenn das Wetter mitspielt. *Jan.–April, Nov./Dez. Mi, Sa/So 13–17, April–Okt Mo 13–17, Di–Sa 10–17, Mi–Sa auch 19–21 Uhr | Eintritt 5 Euro*

17 NATUURCENTRUM AMELAND
Das Naturzentrum zeigt, was sonst im Verborgenen bleiben würde: Im großen Aquarium wurde ein Stückchen Unterwasserwelt nachgebaut,

inklusive echtem Wrack. *Nov.–März Mi–So 13–17, April–Okt. Mo–Fr 10–17, Sa/So 11–17 Uhr | Eintritt 6,75 Euro | Strandweg 38 | Nes | ⏲ 1 h*

🔲 NES

Die prächtigen Kapitänshäuser im kleinen Nes sind einfach wunderschön anzuschauen. Davon abgesehen besitzt das Dorf dank der vielen Restaurants, Hotels und Geschäfte einen fast schon kleinstädtischen Charakter, wo sich Tante-Emma-Läden in hübsche Boutiquen verwandeln. Überragt wird der Ort vom Turm der *Hervormende Kerk* (1664), der auch als Seezeichen diente. Um die Kirche herum gruppieren sich die winzigen Häuser. Ein aus dem Jahr 1625 stammendes Gebäude steht im *Rixt van Doniaweg 8*.

ESSEN & TRINKEN

Cafés und Restaurants konzentrieren sich in Hollum und Nes, die größeren Hotels betreiben eigene Restaurants. Spezialitäten sind Lamm, Dünenkaninchen sowie Meeräsche und Wels.

DE GRIFFEL

Gut besuchtes Lokal, dessen Küche besonders auf lokale Produkte setzt. *Tgl. ab 11 Uhr | Burenlaan 41 | Tel. 0519 55 41 35 | degriffelameland.nl | €€*

HERBERG DE ZWAAN

Urig und gemütlich eingerichtete Herberge. Köstlich sind die gebackenen Muscheln. Spezialität des Hauses: Lammschmorbraten. *Tgl. ab 10 Uhr (im Winter nur abends) | Zwaneplein 6 | Hollum | Tel. 0519 55 40 02 | herbergdezwaan.nl | €–€€*

Die Inseln punkten mit kilometerlangen, sehr breiten, sehr weißen Sandstränden

DE KLIMOP

Rustikal eingerichtet mit Kamin. Stilvoll geht es am Abend zu, fleischlastige Karte. *Tgl. ab 10.30 Uhr | Joh. Hofkerweg 2 | Nes | Tel. 0519 54 22 96 | deklimopameland.nl | €€*

NES CAFÉ

Ein typisches *eetcafé,* immer gut besucht. Kein Wunder, dass die Bedienung oft im Stress ist. Abwechslungsreiche Tagesgerichte. Zugleich die Partyzentrale der Insel. *Tgl. 10–4 Uhr | Van Heeckerenstraat 10 | Nes | Tel. 0519 54 27 60 | nes-cafe-ameland.nl | €€*

ONDER DE VUURTOREN

Am Pfannkuchenhaus am Leuchtturm geht kein Weg vorbei: Den Belag des *pannenkoek* darf man selber zusammenstellen oder aus der „Klassiker"-Liste wählen. Echt niederländisch ist die Kombination Apfel-Speck. *Tgl. 11–20 Uhr (Küchenschluss, in der Nebensaison kürzer) | Oranjeweg 44 | Hollum | Tel. 0519 55 40 69 | onderde vuurtoren.nl | €*

SPORT & SPASS

ANGELN

Die MS Elisabeth-Rose bietet Trips mit Hochseeangeln an. *Tel. 0519 54 22 70 | schuurmancharters-ameland.nl*

BADEN

Bei Nes und Buren bewachter Strand. FKK von Paal 4–7, 9–11,5 und ab Paal 17,2 erlaubt. Die Pfähle *(paal)* geben die Abstände von einem Ende der Insel zum anderen in Kilometern an.

FAHRRADFAHREN

Fahrradverleihe (auch Anhänger, Kindersitze und Bollerwagen) gibt es in jedem Ort. Einer der größten Vermieter ist *Nobel* mit Filialen in Nes *(Strandweg 4a | Tel. 0519 54 27 23 | fietsverhuur.nu)*, Ballum *(Cammighastraat 20 | Tel. 0519 55 42 78)* und Hollum *(Ymedunneweg 7 | Tel. 0519 54 27 23)*.

REITEN

Ameland steht in dem Ruf, auch eine Pferdeinsel zu sein. Auf den Reiterhöfen gibt es Übersichtskarten des dichten Reitwegenetzes. *Rijstal de Blinkert (Camminghastraat 13 | Ballum | Tel. 0519 55 40 59); Rijstal Nella Dorien (Oranjeweg 20 | Hollum | Tel. 0519 55 42 45)*

ROBBENBANKFAHRTEN 👪

In der Sommersaison fahren mehrmals täglich kindgerecht ausgestattete Schiffe zu den Robbenbänken vor Ameland, darunter z. B. *MS Zeehond (Abfahrt am Fährsteg in Nes | Tel. 0519 55 46 00 | robbentochten.com)*.

WANDERN

Markierte Wege führen durch das Naturschutzgebiet *Het Oerd*. An der Wattseite erhebt sich die höchste Düne der Insel, von hier blickst du auf Wattenmeer und Festland. Regelmäßige Wattführungen.

FÄHRE

Holwerd–Ameland: *Reederei Wagenborg | Tel. 0900 92 38, +31 88 1 03 10 00 (aus Deutschland) | Ab-*

fahrtszeiten, Reservierung wpd.nl | Erw. 15,10 Euro, Pkw ab 97,20 Euro | Abfahrtszeiten Mo–Fr 7.30, 9.30, 11.30, 14, 16, 18, 20; Sa 9.30, 14, 16, 18, 20 Uhr (Juni–Aug. zusätzliche Fähren); So 9.30, 14, 16, 18, 20 Uhr (April–Okt. zusätzliche Fähren). Gebührenpflichtige, bewachte Parkplätze in Holwerd

SCHIER-MONNIKOOG

(🗺 G–H1) **Schiermonnikoog ist eine einzige Offenbarung. Die Watteninsel ist seit 1988 Nationalpark und abgesehen vom öffentlichen Nachverkehr autofrei.**

Vielen Niederländern gilt das knapp 40 km² große Eiland als fast schon heiliger Rückzugsort. Daher achten sie penibel darauf, dass ihr kleines Geheimnis bei Touristen nicht allzu großen Anklang findet. Eine schwierige Mission, denn die von breiten Stränden gesäumte Insel ist schlichtweg hinreißend: Nach 45 Minuten Überfahrt scheint die Zivilisation in weiter Ferne. Dafür breitet sich eine ursprüngliche Landschaft mit vielen natürlichen Vorzügen aus. Die rund 1000 Einwohner nennen ihre Insel liebevoll *lytje pole* (kleines Eiland). Sie alle leben im einzigen Ort, dessen Kern vollständig unter Denkmalschutz steht. Zwei zu einem Portal zusammengefügte Walfischknochen erinnern an den mühseligen Broterwerb vergangener Zeiten. Das Denkmal wurde zu Ehren des Entdeckungsreisenden und Seefahrers Willem Barentszoon errichtet.

Die meisten der 300 000 Besucher im Jahr sind Tagesgäste, die Bettenkapazität wurde auf 5500 beschränkt, damit *lytje pole* nicht überlaufen wird. Auf den Sandbänken vor Schiermonnikoog verbringen Seehunde ihre Kindheit. Auch ist die Insel ein Ziel für Vogelfreunde. Mit etwas Glück kannst du im Frühjahr Löfflerpärchen und andere seltene Spezies beobachten. Die Dünen sind hoch und alt, die Landschaft mit ihren Wäldern und Wiesen ist abwechslungsreich, die Strände an der Westküste gehören zu den breitesten Europas. Rad- und Wanderwege durchkreuzen das Eiland, auf dem praktisch alles unter Naturschutz steht.

INSIDER-TIPP
Lustige Löffler

ZIELE AUF SCHIERMONNIKOOG

19 BEZOEKERSCENTRUM

Wattwürmer und Konsorten: Die biologischen und ökologischen Besonderheiten des Wattenmeers sind Thema im Besucherzentrum des Nationalparks. Wattwanderungen, Fahrradtouren, individuelle und Gruppenexkursionen u. a. durch die Vogelbrutgebiete der *Kobbedünen* werden angeboten. *Mo–Sa 10–12 und 13.30–17, So 10–14 Uhr | Eintritt 2 Euro | Torenstreek 20*

20 BUNKER

Auf einer der höchsten Erhebungen der Insel, der *Poemelsduin*, befinden sich die Reste eines Westwallbunkers aus dem Zweiten Weltkrieg. Von dem

Bunker, von den Einheimischen „Wassermann" genannt, reicht der Blick weit in die Ferne.

ESSEN & TRINKEN

DUINZICHT
Gemütliche Gaststätte mit Holzdielenboden. Spezialität ist *Tournedo Stroganoff,* das am Tisch zubereitet wird. Auch 8 Hotelzimmer. *Tgl. | Badweg 17 | Tel. 0519 53 12 18 | hotel duinzicht.nl | €*

DE MARLIJN
Strandcafé von der schickeren Sorte mit Austern- und Sashimibar. *Tgl. ab 10 Uhr | Prins Bernhardweg 2 | Tel. 0519 53 13 97 | demarlijn.com | €€*

VISHANDEL
In dieser Snackbar gibt es den besten Fisch der Insel. Einfach, aber sehr gut. Auch zum Mitnehmen. *Di–So | Noorderstreek 38 | schiermonnikogervis handel.nl | €*

SPORT & SPASS

BADEN
Der Strand auf Schiermonnikoog ist blitzsauber und das Wasser glasklar. Baden ist überall erlaubt. Der bewachte Teil liegt am Ende des Prins-Bernhard-Wegs. Zwischen Pfahl *(paal)* 2 und 7 ist das Nacktbaden allerdings verboten. Bei Paal 3 kannst du bei Bedarf Windschutz und Strandstühle mieten. Einmalig schön ist auch der Hochsand *Het Rif,* der jedoch in der Vogelbrutsaison Mai–Aug. gesperrt wird.

Rad leihen, Natur erkunden: durch den Nationalpark Schiermonnikoog

EILANDER BALGEXPRESS ⭐
Ein Trecker mit Personenanhänger tuckert am Nordseestrand entlang zur Ostspitze Balg. Wer will, kann bei schönem Wetter den kilometerlangen Weg am Strand zu Fuß zurückgehen. Karten beim VVV oder beim Vishandel. *15 Euro | eilanderbalgexpres.nl*

SURFEN
Die besten Surfmöglichkeiten liegen zwischen Paal 3 und 4.

FÄHRE

Lauwersoog–Schiermonnikoog: *Reederei Wagenborg | Tel. 0900 92 38 | Abfahrtszeiten, Reservierung wpd.nl | Mo–Sa 6.30, 9.30, 12.30, 15.30, 18.30, So 9.30, 12.30, 15.30, 18.30 Uhr (Juli/Aug. zusätzliche Fähren) | Erw. 15,30 Euro | Überfahrt 50 Min., keine PKW. Parkplatz gg. Gebühr am Hafen*

ERLEBNIS TOUREN

Lust, die Besonderheiten der Region zu entdecken? Dann sind die Erlebnistouren genau das Richtige für dich! Ganz einfach wird es mit der MARCO POLO Touren-App: Die Tour über den QR-Code aufs Smartphone laden – und auch offline die perfekte Orientierung haben.

❶ DIE NIEDERLÄNDISCHE KÜSTE PERFEKT IM ÜBERBLICK

➤ Die vollendete Technik des Sturmflutwehrs bewundern
➤ Nach einer Dünenwanderung im Strandpavillon chillen
➤ Auf Ameland das Gefühl von Abgeschiedenheit genießen

📍 Veere

🏁 Ameland

🚗 6 Tage, reine Fahreit 8 1/2 Std.

➡ Strecke: 430 km

ℹ Mitnehmen: Regenjacke, Badesachen, Sonnenschutz
Achtung: Fischmarkt in ❿ **Den Oever** nur samstags

4

Wattwanderung: Wer keine mitgemacht hat, hat die Küste nicht wirklich erlebt

GESCHICHTE SPÜREN & HUMMER GENIESSEN

Beginne deine Reise entlang der Niederländischen Küste im zeeländischen ❶ **Veere** ➤ S. 44 dann wandelst du automatisch auf historischen Pfaden: Schon der Landschaftsmaler Albrecht Dürer war 1520 hingerissen von dem „sehr feinen Städtchen". Angesichts der verträumten Altstadt am Seeufer ist das gut nachvollziehbar. Ein Stopp im Restaurant Campveerse Toren stimmt auf die niederländische Fischküche ein – vielleicht mit einem Oosterschelde-Hummer? Auf dessen Lebensrevier kannst du einen Blick werfen, *wenn du auf dem Weg nach Norden entlang der N57 das* ❷ **Oosterschelde-Sturmflutwehr** ➤ S. 19 *überquerst.* Wie das Wehr funktioniert, erfährst du hautnah im ❸ **Deltapark Neeltje Jans.** *Bleib auf der N57, dann erreichst du* die Insel ❹ **Schouwen-Duiveland** mit wunderschönen Nordseestränden zwischen Haamstede und Renesse. Tanke salzige Meeresluft auf Vorrat, denn nach einer Übernachtung, z.B. im altehrwürdigen Landgoed Hotel in Renesse *(fletcherlandgoedhotelre nesse.nl)*, verlässt du für eine Weile die Küste. *Die N57 führt über Brouwersdam und Haringvlietdam bis zur A15 nach* ❺ **Rotterdam** ➤ S. 64, *der modernen Metropole an der Maas.* Checke zunächst auf der SS Rot-

TAG 1

❶ **Veere**

13 km   13 min

❷ **Oosterschelde-Sturmflutwehr**

5 km   4 min

❸ **Deltapark Neeltje Jans**

9 km   7 min

❹ **Schouwen-Duiveland**

79 km   60 min

TAG 2

❺ **Rotterdam**

terdam ➤ S. 69 ein, einem ehemaligen Ozeanriesen, der nun dauerhaft vor Anker liegt. Danach geht's mit Splashtours auf eine atemberaubende Rundtour erst durch die Innenstadt und dann durch die Maas weiter.

INSIDER-TIPP
Abenteuer im Amphibienbus

STRÄNDE ERWANDERN & VERSTECKTE HÖFE ENTDECKEN

Suchst du danach wieder etwas Ruhe, brauchst du am nächsten Tag nicht weit zu fahren. *In einer Dreiviertelstunde erreichst du über A13, A4 und dann N206 das*

TAG 3

30 km   45 min

kleine Seebad **6 Katwijk ➤ S. 63** mit endlosem Sandstrand und einem riesiges Dünengebiet, das auch von
schottischen Hochlandrindern bevölkert wird. Jetzt
heißt es: Schuhe aus und den Sand zwischen den Ze-
hen spüren – am Strand von Katwijk kannst du ein oder
zwei Stündchen herrlich wandern. Wenn das Wetter es
zulässt, bietet sich natürlich auch ein Sprung in die Wellen an. Nach dem feuchten Intermezzo geht es wieder
in geschichtsträchtige Gefilde, *und zwar entlang der
N 206 ins nördlich gelegene* **7 Haarlem ➤ S. 74** Noch
heute bildet die gotische **Grote Kerk** das Herz der foto-
genen Stadt. Spannender aber sind die versteckten
hofjes. Anschließend geht es zum Shoppen in die **Zijlstraat.** Stöbere im Sortiment von **Bij Saar Thuis** *(Nr.
91)* nach origineller Damen- und Kindermode, Turn-
schuhen und Wohnaccessoires. Als stilvolles Domizil
bietet sich das Stadthotel **ML** *(mlinhaarlem.nl)* an.

IN DER KÜNSTLERKOLONIE

*Am nächsten Tag führt die Route über A 9, N 9 und
N 510 weiter nach Norden.* Dort wartet mit **8 Bergen
➤ S. 80** der mondänste Teil der Küste. In der ehemaligen Künstlerkolonie befinden sich heute die Sommer-
residenzen betuchter Niederländer. Das kannst du
noch in den Strandclubs im nahen **9 Bergen aan Zee**
spüren, die alle etwas schicker sind als anderswo. Es
lohnt sich, einen Tag zu bleiben, einen Sprung ins Wasser zu wagen und bei einem Glas Rosé mit *bitterballen*
den Sonnenuntergang am Strand zu genießen. Im **Hotel Blooming** *(weareblooming.com)* schläfst du entspannt.

AUF DEM MARKT DER FISCHER & UNTER
KÜNSTLICHEM FIRMAMENT

Lust auf ein Kontrastprogramm? *Dann geht es am
nächsten Tag zurück in Richtung Alkmaar und über
N 245, N 242 und A 7 durchs Polderland nach* **10 Den
Oever,** wo die IJsselmeerfischer jeden
Samstag auf dem **Fischmarkt** *(Haven-
kade 1 | versevis.nl)* in einer Hafenhal-
le konkurrenzlos frischen Aal verkaufen.
Danach überquerst du den 32 km langen Abschluss-

INSIDER-TIPP
**Sich mit Fisch
eindecken**

6 Katwijk	
30 km	40 min
7 Haarlem	
TAG 4	
42 km	45 min
8 Bergen	
5 km	8 min
9 Bergen aan Zee	
TAG 5-6	
50 km	50 min
10 Den Oever	
50 km	35 min

deich, der das IJsselmeer von der Nordsee abriegelt, um dich bald darauf in Friesland wiederzufinden. Die A 31 führt durch den am dünnsten besiedelten Landstrich der Niederlande ins Städtchen ⑪ **Franeker** ➤ S. 87 wo du ein absolutes Kuriosum bestaunen kannst: Das wunderschöne **Eisinga-Planetarium** ist das weltweit älteste seiner Art. Als krönenden Abschluss deiner Reise besteigst du im Dörfchen ⑫ **Holwerd,** das du über A 31, N 398 und N 357 erreichst, die **Fähre** nach ⑬ **Ameland** ➤ S. 105, wo du im Hotel **Nobel** (hotelnobel.nl) noch eine Nacht verbringst. Das Auto lässt du am Fähranleger stehen, schließlich gehört eine zünftige Radtour untrennbar zur perfekten Route entlang der Niederländischen Küste. Und wo ginge das besser als auf einer Wattinsel, deren Nordküste ein einziger langer Strand ist? Der **Fahrradverleih Kiewiet** (Tel. 0519 54 21 30 | fietsenopameland. nl) erwartet dich gleich am Ende des Fährdamms und transportiert auch dein Gepäck zum Hotel. Jetzt sind es nur noch wenige Meter bis zum Strandübergang am Nordrand von Nes und zum Sprung in die kühle Nordsee.

Und zum Schluss endlich aufs Rad – auf der platten Insel Ameland ein echtes Vergnügen

❷ DURCH DAS WATERLAND RADELN

➤ **Wie ein Niederländer das Land mit dem Fahrrad erkunden**
➤ **Bunte Holzhäuser in malerischen Dörfern entdecken**
➤ **Über den Deich auf eine ehemalige Insel radeln**

📍 Durgerdam 🏁 Durgerdam

🚲 1 Tag, reine Fahrzeit ↻ Strecke:
2 ½ Std. 35 km

ℹ Der nächste Fahrradverleih ist Mac Bike an der Ooster-
dokskade in Amsterdam. Von dort fährt man zum
Hauptbahnhof und setzt mit der Gratisfähre zum IJ-
plein über. Dann geht es entlang der Meeuwenlaan
nach Norden, rechts auf den Nieuwendammerdijk und
den daran anschließenden Schellingwouderdijk. Nach
ca. 25 Minuten und 8 km hat man den ANWB-knooppunt 46 erreicht, wo man direkt in die Tour einsteigt.

DURCHS POLDERLAND

Schon ❶ **Durgerdam,** Ausgangspunkt der Fahrradtour,
ist ein Stück Bilderbuch-Holland. Das Dörfchen besteht
lediglich aus einer Reihe hübscher Häuschen, die sich
an den Deich kuscheln. *Und auf diesem Deich radelst
du erst einmal nach Süden, in Richtung Amsterdam.
Beim beschilderten ANWB-knooppunt 46 biegst du
rechts ab, umkurvst eine Schrebergartenkolonie und
folgst dann den rotweißen Schildern in Richtung Zunderdorp.* Der Weg führt entlang sumpfiger Wiesen voller Wasservögel, vorbei an einzelstehenden Bauerhö-
fen und über kleine Kanäle. Nördlich des Fleckens
Zunderdorp wartet der ❷ **Biobauern-
hof Ons Verlangen** *(Do–Sa 10–
16.30 Uhr | Broekergouw 5 | zorgboer
derijonsverlangen.nl)* mit ökologisch
erzeugtem Obst und Gemüse, Lamm-
fleisch, Milchprodukten und selbstgemachtem Eis im
Sommer.

INSIDER-TIPP
**Blitzbesuch
beim
Ökobauer**

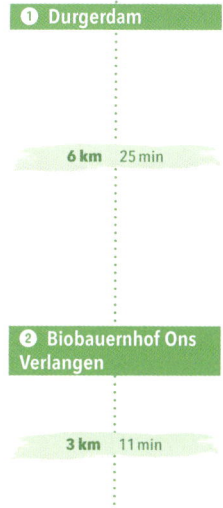

❶ Durgerdam

6 km · 25 min

❷ Biobauernhof Ons
Verlangen

3 km · 11 min

PFANNKUCHEN VERTILGEN

Wenn du nun den Wegweisern nach Broek in Waterland folgst, radelst du auf dem Ringdeich von 1627 entlang, der den niedriger gelegenen Broekermeerpolder umgibt. Das lauschige Dorf ❸ Broek ➤ S. 84 – mit bunten Holzhäusern, die sich um einen kleinen Teich mit Schwänen scharen – lädt zu einer Pause ein, zum Beispiel bei einem Pfannkuchen mit Speck, Äpfeln und Sirup im uralten Café De Witte Swaen (dewitteswaen.nl).

BEI SÄBELSCHNÄBLERN UND SCHNEPFEN

Nach der Stärkung folgst du den Wegweisern nach Zuiderwoude. Rund um die kleinen Seen entlang des Wegs leben viele Wasservögel: Mit etwas Glück kannst du einen Kiebitz, einen Säbelschnäbler oder eine selte-

❸ Broek

11 km   40 min

ne Schnepfenart sehen. Wieder auf dem IJsselmeerdeich angekommen, eröffnet sich ein wunderschöner Panoramablick über das Wasser mit den grünen Holzhäuschen der Insel ➍ Marken ➤ S. 83 in der Ferne. *Du erreichst das Dorf über den 1,7 km langen Verbindungsdamm.* Im winzigen Marker Museum erlebst du, wie die Zuiderzeefischer früher wohnten.

AUSFLUG AUF EINE EHEMALIGE INSEL

Hast du dich in Marken umgeschaut, *geht es wieder zurück aufs Festland und auf dem IJsselmeerdeich nach Süden.* Beim malerischen, verschlafenen Deichdorf ➎ Uitdam siehst du zu beiden Seiten des Radwegs nur noch Wasser, denn dort erstreckt sich hinter dem Deich die Wasserfläche des Uitdammer Die, gekrönt von einem winzigen, baumbestandenen Inselchen. *Hinter Uitdam führt dich der Radweg noch weitere acht Kilometer auf dem Deich entlang* und bietet eine herrliche Aussicht auf Wasser und in der Ferne vorbeiziehende Segelboote, bevor du deinen Ausgangspunkt ➊ Durgerdam wieder erreichst. Bei einem Kaffee mit Apfelkuchen auf der Terrasse des Hotel-Restaurants Zuyderziel *(Durgerdammerdijk 73 | Tel. 020 280 78 78 | zuyderziel.nl)* lässt du die Radtour ganz gemütlich ausklingen.

➍ Marken

7 km · 30 min

➎ Uitdam

8 km · 35 min

➊ Durgerdam

Ein Königreich für einen Steg: Idylle mit Fahne in Durgerdam

❸ ZU DEN STÄDTEN DES GOLDENEN ZEITALTERS

➤ Einen stattlichen Turm aus dem Mittelalter erklimmen
➤ Bei den Windmühlen von Kinderdijk nostalgisch werden
➤ In Delfts lauschiger Altstadt der Vergangenheit begegnen

📍 Zierikzee
🚗 2 Tage, reine Fahrzeit 3 ½ Std.

🏁 Delft
➡ Strecke: 135 km

ℹ Achtung: Der **Floh- und Antikmarkt** in ❹ **Delft** findet im Sommer nur samstags statt.

TAG 1
❶ Zierikzee

74 km 1 h

❷ Dordrecht

15 km 25 min

BÜRGERHÄUSER & BINNENSCHIFFER

Start der Tour ist am Oude Haven von ❶ Zierik-zee➤ S. 47 Den heute verschlafenen Hafen säumen schmucke Häuser aus dem 17. Jh., als das zeeländische Städtchen eine bedeutende Handelsstadt war. Spaziere am Hafenpark entlang zum alten Rathaus, wo du immer donnerstags um 13.30 Uhr einem einstündigen Glockenspielkonzert lauschen kannst. Hinterm Rathaus erblickt man den Sint Lievens Monstertoren, auch als „dicker Dom" bekannt. Besteige ihn und belohne dich mit einer großartigen Aussicht über die Oosterschelde. *Danach geht es über die N 59 und A 29 ins nicht minder alte* ❷ Dordrecht. Während der St.-Elisabeth-Flut 1421 wurde die Stadt (110 000 Ew.) vom Festland abgeschnitten. Seitdem liegt sie – kaum merklich – auf einer Insel. Am Groothoofdspoort, dem barocken Hafentor, hat man eine herrliche Aussicht: Hier kommen alle Binnenschiffe von und nach Rotterdam vorbei. In einem Patrizierhaus am *Nieuwe Haven 29* ist das Huis Van Gijn *(Di–So 11–17 Uhr | Eintritt 10 Euro)* untergebracht. Lass dich von den üppig ausgestatteten Räumen aus dem 19. Jh. beeindrucken! Ein Spaziergang quer durch die Altstadt, *über Grote Markt und Wijnbrug,* führt zum

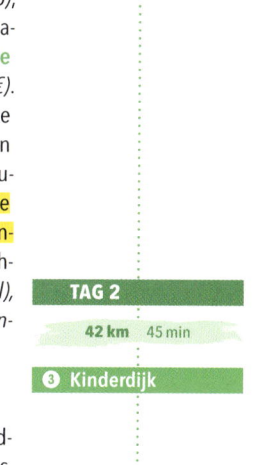

Museum Hof van Nederland *(Di–So 11–17 Uhr | Eintritt 10, Kombiticket mit Huis Van Gijn 15 Euro | Hof 6)*, wo die niederländische Geschichte lebendig wird. Danach lockt gleich um die Ecke das Fischrestaurant De Stroper *(tgl. | Wijnbrug 1–3 | Tel. 078 6 13 00 94 | €€€)*. Im Sommer sitzt du lauschig auf der kleinen Brücke über dem Wijnhaven. Abgesehen von Leckereien der Region hat das Restaurant sein eigenes Ausflugsboot, das die Kapitäne in Ecken lenken, die sonst unzugänglich sind. Nach einer Übernachtung, z.B. in der Villa Augustus *(villa-augustus.nl)*, fährst du auf der N 3 und A 15 weiter in Richtung Papendrecht, Alblasserdam nach ❸ ★ Kinderdijk.

INSIDER-TIPP
In die hintersten Wasserwinkel

TAG 2

42 km   45 min

❸ Kinderdijk

WINDMÜHLENPARK DER VERGANGENHEIT

Einzigartig ist die wohl meistfotografierte Mühlenlandschaft der Niederlande. Die 19 Windmaschinen aus dem 18. Jh. sind die größte Ansammlung von Poldermühlen im Land. In der Mühle Nederwaard *(tgl. 9–17.30 Uhr)* erwartet dich ein echter Müller und berichtet davon, wie die Angehörigen seiner Zunft bis in die 1950er-Jahre lebten.

37 km   60 min

❹ Delft

AUSFLUG IN GLORREICHE ZEITEN

Nimm nun die Autofähre über die Lek nach Krimpen a. d. Lek, fahre weiter nach Capelle aan de IJssel und schlage via E 19 die Richtung Den Haag ein. Um nach ❹ Delft ➤ S. 61 *zu kommen, verlässt du die Autobahn bei der Abfahrt Delft (nicht Delft-Zuid).* Schon von Weitem ist der schiefe Turm der **Oude Kerk** sichtbar. Durch die romantische Innenstadt entlang der Grachten zu spazieren (Vorsicht Radfahrer!) ist ein Vergnügen. Im Goldenen Zeitalter wurde Delft eine der wichtigsten Handelsstädte der Niederlande. In der pittoresken **Altstadt** findet in den Sommermonaten jeden Samstag ein riesiger **Floh- und Antikmarkt** statt. Steuere als Abschluss eins der Terrassencafés am **Markt** an, flankiert von der **Nieuwe Kerk** und dem klassizistischen **Rathaus.** Besonders lauschig ist das Café-Restaurant **'t Vermeertje** *(So/Mo geschl. | Markt 58 | Tel. 015 8 89 71 75 | hetvermeertje.nl).* Wer jetzt noch die Puste hat, um den **Kirchturm der Nieuwe Kerk** *(April–Okt. Mo–Sa 9–18 Uhr, im Winter kürzer | Eintrit 4 Euro)* zu erklimmen, wird mit einem Panoramablick über die Stadt belohnt.

Delft – früher mächtig, heute vor allem schön. Besonders beim Flohmarkt an der Gracht

VON EILAND ZU EILAND HÜPFEN

➤ Auf Schiermonnikoog seltene Vögel und Pflanzen entdecken
➤ Den Spuren der Walfänger von Ameland folgen
➤ Mit einem historischen Segler nach Terschelling übersetzen

📍 Lauwersoog   🏁 Harlingen

🚢 5 Tage, reine Fährzeit: Strecke:
17 Std.   →   230 km

ⓘ Vom 15. April bis 15. Juli ist das Dünengebiet zwischen Kobbeduinen und Willemsduin auf ❷ **Schiermonnikoog** wegen der Vogelbrutsaison gesperrt.
Die ❹ **Willem Jacob** fährt Mai–Okt. jeweils So-Vormittag von ❸ **Ameland** nach ❺ **Terschelling** – vorbuchen! Rückkehr: Nimm in Harlingen-Haven den Zug nach Leeuwarden (ca. 20 Min.) und steige dort in Bus 50 nach Lauwersoog (ca. 1 Std.).

DINNER IM ÄLTESTEN SPEISESAAL

Ausgangspunkt deiner Tour ist ❶ Lauwersoog, von wo aus du per Fähre die kleinste und östlichste bewohnte Watteninsel erreichst. Parke im Scheepspark-Parkhaus auf dem Festland, denn dein Auto darfst du auf das nur 40 km² große ❷ Schiermonnikoog ➤ S. 108 nicht mitnehmen; dafür warten drüben am Inselanleger Busse auf Neuankömmlinge. Übernachten kannst du im einzigen, gleichnamigen Ort der Insel, der sich als Ausgangsort für schöne Spaziergänge anbietet: z. B. zum Leuchtturm Noordertoren oder am endlosen Strand im Norden entlang. Abends ist es Zeit für ein Kuriosum: Im Van der Werff (Reeweg 2 | hotelvander werff.nl | €€) befindet sich der älteste Hotelspeisesaal der Niederlande, mit Obern im Frack und angenehm altmodischem Charme. Am zweiten Tag ist es Zeit für einen Ausflug in die wilde Landschaft der Kobbedünen ➤ S. 108 am Ende des Johannes de Jongpad. Auf den Dünen wachsen Flieder, Sanddorn und Hagebut-

TAG 1–2
❶ Lauwersoog

15 km   50 min

❷ Schiermonnikoog

ten, in den Kuhlen dazwischen stehen Sumpfpflanzen. Mittendrin steht am Kwelderpad eine hölzerne Bake (Seezeichen), die 1766 errichtet wurde und Schiffen tagsüber zur Orientierung diente. Auf dem Trampelpfad geht es weiter bis zur Willemsduin.

ZU DEN KAPITÄNSHÄUSERN VON AMELAND

TAG 3

45 km   3 h

❸ Ameland

Am nächsten Morgen geht es weiter nach ❸ Ameland ► S. 105. *Drei Stunden dauert die Überfahrt mit der M. S. Ameland (Tel. 06 51 85 84 50 | robbenboot.nl)* auf die hübsche Insel der Walfänger. Der Hafen liegt direkt beim Ort Nes mit seinen alten Kapitänshäusern. Jetzt heißt es: ab in den Matsch! Bei einer Wattwanderung ► S. 35 erfährst du alles über das besondere Ökosystem der Gezeitenlandschaft. Bei Beach Ameland *(beach-ameland.nl)* am Strand von Nes kannst du dich danach im Strandsegeln versuchen, ehe du im Hotel Nobel ► S. 114 in einer ehemaligen Kirche übernachtest.

SEGEL HISSEN GEN TERSCHELLING

TAG 4

❹ Willem Jacob

45 km   7 h

Am kommenden Tag geht es nach Terschelling. Dieses Mal mit dem historischen Segelschiff ❹ Willem Jacob *(Mai–Okt. So-Vormittag, genaue Abfahrtzeit gezeitenabhängig | Fahrtzeit 7 Stunden | Tel. 020 2 61 46 28 | ei landhopper.nl)*. Wer will, darf auf dem 1889 gebauten

Klipper beim Hissen der 300 m² großen Segel helfen oder auch mal am Ruder stehen. Oder du genießt einfach nur die Aussicht: Auf halbem Weg zwischen Ameland und Terschelling liegt **Robbeneiland,** eine Sandbank, auf der sich im Sommer hunderte Seehunde tummeln. Der Inselhafen von **❺ Terschelling ➤ S. 101** liegt im Ort **West-Terschelling,** und du erkennst ihn schon von Weitem am kantigen **Brandaris ➤ S. 102** Diese Insel ist deutlich betriebsamer als ihre östlichen Nachbarn. Am Nordseestrand und im Naturschutzgebiet **De Boschplaat ➤ S. 101** verläuft der Trubel sich jedoch schnell in den Dünen. Miete dir ein Fahrrad, z. B. bei **Zeelen Fietsenverhuur** *(Willem Barentszkade 15 | zeelenfiets.nl), und strample nach Osten, dann erreichst du die Boschplaat innerhalb von einer Stunde.* Die frühere Sandbank nimmt beinahe ein Drittel von Terschelling ein und ist Brutplatz vieler Vogelarten. Noch eine Übernachtung, z. B. im **B & B de Postoari** *(postoari.nl),* dann geht es wieder aufs Festland. Die letzte Bootsfahrt führt von Terschelling quer über das Wattenmeer ins Festlandstädtchen **❻ Harlingen ➤ S. 88** und dauert mit der normalen Fähre zwei Stunden, mit dem Schnellboot nur 40 Min. Harlingens hübsche **Altstadt** mit ihren Treppengiebelhäusern und Grachten ist einen abschließenden Spaziergang wert.

❺ Terschelling

TAG 5

40 km   2 h

❻ Harlingen

Bloß kein Inselstress: Im Gras liegen und Löcher in die saubere Luft starren, ist auch völlig ok

ANKOMMEN

ANREISE

Über die deutschen Autobahnen sind die Niederlande über viele Grenzübergänge zu erreichen. Vom Westen (Köln) über die A 57 oder die A 3, aus Richtung Hamburg über die A 1 und A 30, aus Richtung Berlin über die A 2/A 30.

Das Streckennetz der Eisenbahn und der Busse ist in Richtung Küste gut ausgebaut. Es verkehren Schnell- und Intercity-Züge in kurzen Abständen. Ab Frankfurt und Köln fährt der ICE in 4 bzw. 2,75 Stunden nach Amsterdam. Wer aus der Schweiz anreist, muss in Frankfurt umsteigen, Reisende aus Österreich in München und Frankfurt.

Amsterdam, Den Haag und Rotterdam sind von Deutschland aus per Fernbus *(fernbusse.de)* erreichbar, Flixbus, Eurolines und MeinFernbus bieten täglich Fahrten an (ab Frankfurt 33 Euro/Pers.).

Der Flughafen Schiphol liegt 18 km von Amsterdam entfernt. Täglich gibt es mehrere Flugverbindungen zu allen wichtigen europäischen Städten. Ein regulärer Economy-Flug von Hamburg nach Amsterdam kostet ab 150 Euro. Die niederländische KLM fliegt von den meisten deutschen Flughäfen sowie von Zürich und Wien nonstop nach Amsterdam, auch Lufthansa, Eurowings und Easyjet bedienen einige Strecken. Vom Bahnhof Schiphol aus ist jeder Ort des Landes erreichbar. Nach Den Haag, Rotterdam und Amsterdam fahren pro Stunde bis zu sechs Züge. Einige Airlines fliegen inzwischen auch die kleineren Flughäfen Rotterdam und Eindhoven an, so etwa Lufthansa ab München und Transavia ab Berlin (nur Eindhoven), Innsbruck

Auch nicht schlecht – mit dem Amphibienbus durchs moderne Rotterdam

und Salzburg. Vom Flughafen Rotterdam fährt der Bus 33 in 20 Min. zum Bahnhof.

EINREISE

Schweizer benötigen eine Identitätskarte, für EU-Bürger genügt ein Personalausweis, eine Grenzkontrolle findet aber kaum noch statt. Tiere benötigen eine Bescheinigung über die Tollwutimpfung .

KLIMA & REISEZEIT

Das Klima wird durch Meer und Golfstrom bestimmt und ist gemäßigt: Die Sommer sind nicht zu heiß und die Winter mild. In Zeeland scheint die Sonne häufiger als anderswo im Land. Die Wassertemperaturen liegen im Sommer bei 18 bis 20 °C, manchmal auch darüber. Mai und Juni sind die niederschlagsärmsten Monate. Dennoch solltest du Regenschirm und Funktionskleidung nicht vergessen.

WEITER-KOMMEN

AUTO

Auf Autobahnen sind 130 km/h, auf Schnellstraßen 100 km/h und auf Landstraßen 80 km/h erlaubt. In den Ortschaften darf man 50 km/h bzw. 30 km/h fahren. Die Einhaltung der Geschwindigkeit wird geprüft, auf manchen Autobahnen auch mit ständiger Streckenkontrolle. Die Bußgelder in den Niederlanden sind gepfeffert: Eine Geschwindigkeitsübertretung von 20 km/h kostet bis zu 150 Euro.

FERNBAHN

Platzreservierungen und Zuschläge kennt man nur bei Zügen, die ins Ausland fahren. Kinder (4–11 Jahre) zahlen in Erwachsenenbegleitung nur 2,50 Euro *(railrunner)*. Auch sonst sind

Bahnfahrten recht günstig: Ein einfaches Ticket für die Fahrt von Rotterdam nach Haarlem kostet z. B. 12,50 Euro, von Leiden nach Haarlem nur 6,10 Euro – die grandiose Aussicht vom Fenster aus über die Tulpenfelder ist gratis. Karten sind online, über die App der *Nederlandse Spoorwegen* oder am Automaten erhältlich, der EC-Karten mit Maestro-Zeichen akzeptiert. Am Schalter bezahlst du pro Karte 50 Cent Zuschlag. Karten beim Schaffner kosten deutlich mehr als am Schalter oder Automaten. Tel. Auskunft gibt's unter *030 7515155*. Zugfahrpläne listet *ns.nl*, internationale Züge unter *nsinternational.nl*. Das eigene Rad kannst du im Zug mitnehmen (Wagen mit Fahrradsymbol beachten!), dafür ist eine Fahrkarte (Tageskarte 6,20 Euro) nötig. Sept.–Juni ist die Mitnahme Mo–Fr 6.30–9 und 16–18.30 Uhr nicht erlaubt.

ÖFFENTLICHE VERKEHRSMITTEL

Das öffentliche Verkehrsnetz ist auch im Nahverkehr gut ausgebaut. Busse und Straßenbahnen kannst du mit einer *OV-chipkaart* (OV-Chipkarte) benutzen. Du bekommst sie in Bahnhöfen am Fahrkartenautomaten. Es gibt Wegwerfkarten, die nur für einzelne Fahrten oder einige Stunden gültig und relativ teuer sind. In Rotterdam bekommst du auch günstige Tages- und Mehrtagestickets. Eine Alternative für alle, die öfter mit den Öffentlichen fahren, ist die wiederverwendbare Chipkarte, die aufgeladen wird. Sie kostet einmalig 7,50 Euro.

Geld lädst du am Fahrkartenautomaten und an gelben Automaten auf die Karte. Diese stehen in vielen Supermärkten und Zeitschriftenläden. Für alle Chipkarten gilt, dass du damit unbedingt beim Einsteigen ein- und beim Aussteigen wieder auschecken musst – auch wenn du nur umsteigen willst! Dafür hältst du die Karte vor ein Lesegerät neben der Tür bzw. auf dem Bahnsteig, bis es kurz piept. Vergisst du das Auschecken, wird die Karte ungültig. Das betrifft auch Tages- und Mehrtageskarten, obwohl es nicht logisch erscheinen mag.

Die wiederverwendbaren Chipkarten kannst du auch für Zugfahrten nutzen. Dazu musst du am Fahrkartenautomaten „Reizen op Saldo" bzw. „Travelling with Credit" aktivieren und ein Minimumsaldo von 20 Euro auf die Karte laden. Anschließend kannst du mit der Karte einfach an den niedrigen Durchgangspforten im Bahnhof ein- und auschecken, anstatt einen Papierfahrschein zu kaufen. Nach der Fahrt wird der korrekte Fahrpreis automatisch von deinem Guthaben abgebucht. Informationen: *ov-chipkaart.nl*

FAHRRAD

Das natürliche Verkehrsmittel in den Niederlanden ist das Fahrrad. Das Radwegenetz ist nahezu perfekt. Fahrradverleihe sind in Städten und Strandorten leicht zu finden. Für die Benutzung des effektivsten Systems der *Nederlandse Spoorwegen (ns.nl)* ist der Besitz einer personalisierten OV-Chipkaart *(ov-chipkaart.nl)* Voraussetzung. Wer in Deutschland lebt, kann diese vor der Reise über die Webseite beantragen, für Adressen in der Schweiz und Österreich ist dies

FESTE & EVENTS
RUND UMS JAHR

JANUAR
Nieuwjaarsduik (Scheveningen): Neujahrsschwimmen in der Nordsee

MÄRZ
⭐ *Keukenhof* (Lisse): tollste Blumenshow der Niederlande

APRIL
⭐ *Koningsdag*: Des Königs Geburtstag ist ein feuchtfröhliches Volksfest. *27. April – ist der ein So, wird am 26. gefeiert*
Großer Blumenkorso (Noordwijk–Haarlem), *bloemencorso-bollenstreek.nl*

MAI
Nationaler Mühlentag: Am 2. Sa ist Tag der offenen Mühlen.

JUNI
Vlaggetjesdag (Scheveningen): Fischerfest zum Auftakt der Heringssaison
Tong Tong Fair (Den Haag): beliebter indonesischer Jahrmarkt
Parkpop (Den Haag): Gratis-Popfestival im Zuiderpark, *parkpop.nl*

Käsemarkt (Gouda): *Do 10–12.30 Uhr (bis Ende Aug.), goudakaasstad.nl*

JULI
North Sea Jazz Festival (Rotterdam): dreitägiges Jazzfestival mit Auftritten internationaler Stars, *northseajazz.com*
Mühlentage (Kinderdijk): Windmühlen sind jeden Sa in Betrieb *(bis Aug.).*

SEPTEMBER
Internationales Feuerwerkfestival (Scheveningen), *short.travel/nik11*
Welthafentage (Rotterdam): Volksfest, *wereldhavendagen.nl*
Open Monumentendag: Tausende denkmalgeschützte Gebäude landesweit öffnen zwei Tage ihre Türen.

NOVEMBER
Crossing Border (Den Haag): Literatur- und Musikfestival, *crossingborder.nl*

DEZEMBER
Sinterklaas: Der niederländische Nikolaus kommt am 5. Dez.

aktuell nicht möglich. Der Aufwand lohnt, da an mehr als 300 Orten (Bahnhöfe, Innenstädte, P & R-Parkplätze) Räder für knapp 4 Euro/Tag ausgeliehen werden können.

ZOLL

Waren für private Zwecke können innerhalb der Mitgliedsstaaten der EU in unbegrenzten Mengen zollfrei ein- und ausgeführt werden *(zoll.de)*. Für Schweizer gelten Mengenbeschränkungen, z. B. 200 Zigaretten, 2 l Wein und 1 l Spirituosen.

IM URLAUB

AUSKUNFT

Im Land gibt es 350 Verkehrsbüros, die VVV *(Vereniging voor Vreemdelingenverkeer)*. Gegen Gebühr vermitteln sie Unterkünfte und Ausflüge, verkaufen Wander- und Straßenkarten *(meist Mo–Fr 9–17, Sa 10–13 Uhr, im Sommer z. T. auch sonntags).*

CHARTERBOOTE

Das niederländische Wassernetz ist rund 6000 km lang, etwa 900 000 Urlauber befahren es jährlich. Bei der Menge kann es in Häfen und vor Schleusentoren schon mal eng werden. Touristen beschränken sich meist auf Fahrten in Zeeland, im IJssel- und Wattenmeer. Über 500 Boote gibt es in der *bruine vloot*, die wegen der Farbe ihrer Segel so genannt wird und deren Eigentümer in der Stiftung *Traditionelle Charterfahrten (TCN)* zusammengeschlossen sind. Enkhuizen gehört zu den großen Yacht- und Segelzentren. Gruppen- und Individualreisen bietet *NAUPAR (Tel. 088 2 52 50 00 | naupar.de)*. Sie besitzt 140 Segelschiffe z. B. für Törns auf IJsselmeer und Wattenmeer.

HUNDE

Die Niederländer sind tierlieb. Die meisten Hotels und Vermieter von Ferienhäusern haben keine Einwände gegen die Mitnahme von Vierbeinern. Für die Einreise aber benötigst du einen EU-Heimtierausweis, der Hund muss gechipt oder tätowiert und gegen Tollwut geimpft sein. An den Stränden gibt es sehr unterschiedliche Regelungen. In Gemeinden wie Noordwijk dürfen Hunde das ganze Jahr über an den Strand, in anderen nur außerhalb der Hochsaison und zu bestimmten Zeiten. Informiere dich am besten im Vorfeld über die Regeln des jeweiligen Urlaubsorts, eine Liste gibt es unter *short.travel/nik8*.

MUSEUMSKARTE (MK)

Wer vom einen Museum zum anderen tingelt, sollte den Kauf der Museumskarte *(Museumkaart | museumkaart.nl)* erwägen. Sie ist ein Jahr gültig und berechtigt zum kostenlosen Besuch der meisten Museen in den Niederlanden. Die Jahreskarte kostet 59,90 Euro, für Jugendliche bis 18 Jahren 32,45 Euro. Sie ist online und in den Museen erhältlich. Die Museen, die die Museumskarte akzeptieren, sind im Text mit „MK" gekennzeichnet.

FEIERTAGE

1. Jan.	Neujahr
März/April	Karfreitag, Ostermontag
27. April	*Koningsdag*
4. Mai	Gedenktag für die Opfer des 2. Weltkriegs
5. Mai	Gedenktag zur Befreiung von der deutschen Besatzung (jedes 5. Jahr Feiertag)
Mai	Christi Himmelfahrt
Mai/Juni	Pfingstmontag
25./26. Dez.	Weihnachten

ÖFFNUNGSZEITEN

Allgemein haben Läden meist 8.30–18 Uhr geöffnet, Supermärkte oft bis 22 Uhr, am Sa bis 17 Uhr. Montagvormittags sind im ganzen Land fast alle Geschäfte geschlossen. In einigen Urlaubsorten und in den Zentren der Großstädte haben Läden auch So 12–17 Uhr geöffnet.

PARKEN

Viele Städte in den Niederlanden versuchen recht radikal, den Autoverkehr zu verbannen, da den Park- und Umweltproblemen anders nicht mehr beizukommen ist. Das Parken ist vielerorts teuer (es gibt Parkuhren und Parkautomaten, also an Münzen denken). Die Tarife schwanken zwischen 1,50 und 7,50 Euro/Std. Je nach Stadt muss täglich zwischen 9 und 19 Uhr, in Amsterdam bis 24 Uhr bezahlt werden. Auch an den Stränden stehen Parkautomaten. Ist die Parkzeit überschritten, wird im schlimmsten Fall eine Radklemme *(wielklem)* angeschraubt und nur gegen eine dreistellige saftige Gebühr (die Höhe ist unterschiedlich) abgenommen. Hotels in Küstenorten haben häufig private Parkplätze, die man bei der Zimmer-

Dieses schmucke Holzhäuschen steht samt Windmühle in Volendam am IJsselmeer

buchung mitreservieren kann. Manche bieten auch einen Parkschein zum Parken auf der Straße an. In vielen Städten gibt es Park & Ride, etwa in Rotterdam *(Infos im Internet: short. travel/nik9)* oder in Den Haag *(short. travel/nik10)*. Meist kann man dann sein Auto gratis auf einem Parkplatz nahe einer U- oder S-Bahnstation abstellen und zahlt einen verbilligten Betrag fürs Bahnticket.

WAS KOSTET WIE VIEL?

Kaffee	2,50 Euro
	für eine Tasse Kaffee
Fisch	5 Euro
	für eine Portion frittierten Fisch am Strand
Bier	2,20 Euro
	für ein kleines Glas Bier
Radmiete	8 Euro
	pro Tag
Benzin	1,70 Euro
	für einen Liter Super
Tulpen	10 Euro
	für 30 Zwiebeln

POST

Die Post heißt in Holland *Post NL,* die Ämter sind mit orangefarbenen Schildern gekennzeichnet und Mo–Fr 9–18 Uhr geöffnet, am Sa 9–12 oder 13 Uhr. In den Bahnhöfen gibt es keine Post. Briefe und Postkarten innerhalb der EU kosten 1,15 Euro. Briefmarken kannst du aber auch in allen größeren Supermärkten und am Kioskstand kaufen.

TELEFON & HANDY

Landesvorwahl Deutschland: *0049,* Schweiz *0041,* Österreich *0043.* Vorwahl Niederlande: *0031.*
Deutsche und Österreicher können ihre Smartphones ohne zusätzliche Kosten wie zu Hause benutzen. Dies gilt auch für die im Vertrag festgelegte Datenmenge zur Internetnutzung. Wer einen Schweizer Vertrag besitzt, sollte sich vorab bei seinem Anbieter über die aktuellen Konditionen informieren.

TRINKGELD

Trinkgeld um die zehn Prozent im Restaurant ist üblich. Das Personal in den öffentlichen Toiletten erwartet bis zu 50 Cent Servicegeld.

UNTERKÜNFTE

An der Küste existieren gute Alternativen zu Hotels. Landestypisch sind die Campingplätze, die es in allen Variationen und Größen gibt und in der Regel 15–20 Euro/Nacht kosten. Viele Plätze vermieten gegen Aufpreis kleine Hütten, große Zelte oder coole Wohnwagen. Wildes Campen ist verboten, die Geldbußen sind hoch. Auf *camping.info/niederlande* ist fast jeder niederländische Campingplatz verzeichnet. Ferienwohnungen findest du über die Portale *aanzee.com* und *heerlijkehuisjes.nl,* Luxusvillen bei *specialvillas.nl.* Die Staatliche Forstverwaltung vermietet einsame Häuser in Waldgebieten: *staatsbosbeheer.nl.* Schwer im Trend sind saisonal aufgestellte Strandhäuser *(strand huisje.nu).* Eine weitere Alternative sind private Zimmervermietungen,

z. B. über *bedandbreakfast.nl.* In den Niederlanden gibt's 22 Jugendherbergen, von denen das ehrwürdige Schloss *Kastell Westhove* bei Domburg die schönste ist. Mit der Mitgliedskarte von *Hostelling International* gibt es 2,50 Euro Rabatt pro Übernachtung. Auskunft/ Reservierung: *Stayokay (Zandpad 5 | Amsterdam | Tel. 020 5 51 31 55 | stayokay.com)*

INSIDER-TIPP
Schlafen wie ein König

ZEITUNGEN & ZEITSCHRIFTEN

Noch am Erscheinungstag bekommst du an Bahnhöfen, Kiosken und Strandbuden vor allem in den touristischen Ballungsgebieten alle großen deutschsprachigen Tageszeitungen, Wochenzeitungen und außerdem viele Illustrierte.

NOTFÄLLE

DIPLOMATISCHE VERTRETUNGEN

– *Botschaft der Bundesrepublik Deutschland | Groot Hertoginnelaan 18–20 | Den Haag | Tel. 070 3 42 06 00 | den-haag.diplo.de*
– *Botschaft der Republik Österreich | Van Alkemadelaan 342 | Den Haag | Tel. 070 3 42 54 70 | bmeia.at/denhaag/*
– *Botschaft der Schweiz | Lange Voorhout 42 | Den Haag | Tel. 070 3 64 28 31 | eda.admin.ch/denhaag*

NOTRUF

Kostenlose Notrufnummer ist landesweit *1 12.* Für weniger dringende Fälle haben die meisten größeren Orte den *centrale doktersdienst (doktersdienst. info),* der rund um die Uhr erreichbar ist.

WETTER IN TEXEL

Hauptsaison
Nebensaison

	JAN.	FEB.	MÄRZ	APRIL	MAI	JUNI	JULI	AUG.	SEPT.	OKT.	NOV.	DEZ.
Tagestemperaturen	5°	4°	7°	10°	14°	18°	20°	20°	18°	14°	9°	6°
Nachttemperaturen	1°	2°	2°	5°	9°	12°	14°	15°	13°	9°	5°	2°
☀	2	3	4	6	7	7	7	6	5	3	2	1
☂	13	11	9	9	7	7	10	11	11	13	14	13
≈	5	5	5	7	10	13	16	17	16	14	10	8

☀ Sonnenschein Stunden/Tag   ☂ Niederschlag Tage/Monat   ≈ Wassertemperatur in °C

SPICKZETTEL
NIEDERLÄNDISCH

SMALLTALK

ja/nein/vielleicht	ja/nee/misschien	ja/nee/miss-chien
bitte/danke	(Sie) alstublieft, (du) alsjeblieft/bedankt	aschtüblieft, aschjeblieft/bedankt
Gute(n) Morgen!/Tag!/Abend!/Nacht!	Goeden morgen!/dag!/avond!/nacht!	chuje morche/dach/afond/nacht
Hallo!/Auf Wiedersehen!	Hallo!/Dag!	hallou/daach
Tschüss!	Doei!	duui
Ich heiße …	Ik heet …	ick heet …
Wie heißt du?/Wie heißen Sie?	Hoe heet je?/Hoe heet u?	hu heet je/hu heet ü
Ich komme aus …	Ik kom uit …	ick komm öüt
Entschuldigung.	Sorry.	sorri
Wie bitte?	Pardon?	pardong
Ich möchte …/Haben Sie …?	Ik wil graag …/Heeft u …?	ick will chraach/heeft ü

ZEIGEBILDER

ESSEN & TRINKEN

Die Speisekarte, bitte.	De kaart, alstublieft.	de kaart aschtüblieft
Könnte ich bitte … haben?	Mag ik …?	mach ick
Flasche/Karaffe/Glas	fles/karaf/glas	fläss/karaff/chlass
Messer/Gabel/Löffel	mes/fork/lepel	mäss/fork/leepel
Salz/Pfeffer/Zucker	zout/peper/suiker	saut/peeper/söüker
Essig/Öl	azijn/olie	asain/olie
mit/ohne Eis/Kohlensäure	met/zonder ijs/bubbels	mätt/sonder ais/bübbels
(kein) Trinkwasser	(geen) drinkwater	(cheen) drinkwaater
Ich möchte zahlen, bitte.	Mag ik afrekenen.	mach ick affreekenen
am Fenster	bai het raam	bij het raam
Rechnung/Quittung	rekening/bonnetje	reekening/bonnetje
bar/ec-Karte/Kreditkarte	kontant/pinpas/creditcard	kontant/pinnpass/kredditkaart

NÜTZLICHES

Wo ist …?/Wo sind …?	Waar is …?/Waar zijn …?	waar is/waar sain
Wie viel Uhr ist es?	Hoe laat is het?	hu laat is hett
heute/morgen/gestern	vandaag/morgen/gisteren	fanndaach/morche/chisteren
Wie viel kostet …?	Hoeveel kost …?	hufeel kost
Wo finde ich einen Internetzugang?	Waar krijg ik toegang tot internet?	waar kraich ick tuuchang tot internet
WLAN	wifi	wiifii
Hilfe!/Achtung!/Vorsicht!	Hulp!/Let op!/Voorzichtig!	hülp/lett opp/foorsichtich
Fieber/Schmerzen/Durchfall/Übelkeit	koorts/pijn/diaree/misselijkheid	koorts/pain/diaree/misselickhait
Apotheke/Drogerie	apotheek/drogisterij	apoteek/droochisterai
Fahrplan/Fahrschein	dienstregeling/kaartje	dienstreecheling/kaartje
0/1/2/3/4/5/6/7/8/9/10/100/1000	nul/één/twee/drie/vier/vijf/zes/zeven/acht/negen/tien/honderd/duizend	nüll/ejn/twee/drie/fier/faif/ses/söwen/acht/neechen/tien/hondert/döüsent

URLAUBS FEELING

ZUM EINSTIMMEN & AUSKLINGEN

LESESTOFF & FILMFUTTER

📖 ANGERICHTET

Herman Koch lässt in seinem Roman zwei Brüder und ihre Ehefrauen während eines Essens um ein Geheimnis herumreden: Ihre Kinder haben ein Verbrechen begangen. Das Buch wurde 2017 als „The Dinner" mit Richard Gere verfilmt. (2010)

📖 UNTERM SCHEFFEL

Die Liebesgeschichte aus der Feder von Maarten t'Hart ist altmodisch erzählt – dazu gehört ein verstörender Verlauf und der Verzicht auf ein Happy End. Der Plot spielt im Hinterland der niederländischen Küste. (2011)

🎥 DIE NEUE WILDNIS

Die spannende Tierdoku wirkt wie in Afrika gedreht – tatsächlich entstand sie in den Oostvaardersplassen auf Flevoland. Mit Sinn für Dramatik dokumentieren Ruben Smit und Mark Verkerk Leben und Tod der Wildtiere im Naturentwicklungsgebiet. (2013)

🎥 DER AUSLANDSKORRESPONDENT

Alfred Hitchcock drehte diesen Spionagethriller 1939. Die Handlung spielt z. T. in den Niederlanden. Dabei zeigt der Film, wie sehr sich das kleine Land gewandelt hat.

PLAYLIST QUERBEET

0:58

II DJ TIËSTO – FLIGHT 643
Der Hit von Hollands bekanntestem DJ startet minimalistisch, wird aber bald zum Dancefloor-Gassenhauer

▶ LIL KLEINE & BOEF – KRANTENWIJK
Selbst wenn du nicht viel davon verstehen wirst: Auch Niederländisch eignet sich zum Rap mit Street Credibility

▶ ARMIN VAN BUUREN & JOSH CUMBEE – SUNNY DAYS
Der sommerliche Smash-Hit des Laptop-Musikers hat es 2017 auf Platz 1 der Charts gebracht

▶ BETTIE SERVEERT – PALOMINE
Hollands Beitrag zur Indie-Szene der 90er-Jahre

▶ DOE MAAR – PA
Das niederländische Pendant zur Neuen Deutschen Welle mit vertraut kantigem Sound

Den Soundtrack zum Urlaub gibt's auf **Spotify** unter **MARCO POLO** Netherlands

Oder Code mit Spotify-App scannen

AB INS NETZ

KONINKLIJKHUIS.NL
Willem-Alexander & Co. haben eine eigene Website. Neben der Geschichte des Königshauses liest man über die Rolle der Royals und die Thronfolge.

NIEDERLÄNDISCH AUFGETISCHT
Rezepte aus der niederländischen Küche, vom traditionellen „Heißen Blitz" (Kartoffelbrei mit Äpfeln) bis hin zu Sirupwaffelsoufflé. (short.travel/nik1)

GRACHTENUNDGIEBEL.DE
Ralf Johnen und Frida van Dongen schreiben über Holland in allen Facetten: von Städten und Stränden über Design und Mode bis hin zu Hotels, Restaurants – und Fußball.

NACH HOLLAND
Die Süddeutsche Simone Gorosics berichtet über den Alltag in den Niederlanden, v. a. natürlich über die großen und kleinen Unterschiede zu Deutschland. (short.travel/nik3)

GEZEITENHELFER
iPhone-App (Getijde) mit Gezeiten weltweit, darunter alle wichtigen Häfen der Niederlande. Auch offline verfügbar

TRAVEL PURSUIT

DAS MARCO POLO URLAUBSQUIZ

Weißt du, wie Niederländische Küste tickt? Teste hier dein Wissen über die kleinen Geheimnisse und Eigenheiten von Land und Leuten. Die Lösungen findest du in der Fußzeile. Und ganz ausführlich auf den S. 18–23.

❶ Wer reagiert verschnupft, wenn man sie als Holländer bezeichnet?
a) Die Friesen
b) Die Fischer
c) Die Fußballer

❷ Wann sind die Dünensysteme an der Nordseeküste entstanden?
a) im 18. Jh.
b) im 12. Jh.
c) 3000 v. Chr.

❸ Der Konsum welcher Droge wird in niederländischen Coffeeshops toleriert?
a) Schnupftabak
b) Kubanische Zigarren
c) Marihuana-Zigaretten

❹ Wie lautete einst der Spitzname von König Willem-Alexander?
a) Prinz Pilsje
b) Krawallkönig
c) Mister Monarchie

❺ Wie heißen die künstlich trockengelegten Landstriche in den Niederlanden?
a) Pontons
b) Polder
c) Portafinos

❻ Was bringt die Niederlande nachts zum Leuchten?
a) Gewächshäuser
b) Leuchttürme
c) Glühwürmchen

Gleich hinterm Deich warten die schönsten Rätsel der Küste, manche auch davor

❼ Wie heißt das Hochwasser-schutzprojekt an der Küste?
a) Beta-Phase
b) Delta-Werke
c) Gamma-Deiche

❽ Was ist der Vorteil einer Fahr-radautobahn?
a) Kostengünstiger Lärmschutz
b) Vorfahrt für Muskelkraft
c) Genaue Stauprognose

❾ Welche experimentelle Wohn-form wurde in Rotterdam kreiert?
a) Kegelbaracke
b) Unterwasserwohnung
c) Kubushaus

❿ Welches heutige Land wird als „Niederländisch Indien" bezeich-net?
a) Sri Lanka
b) Indonesien
c) Papua-Neuguinea

⓫ Was meinen die Niederländer, wenn sie von „gezelligheid" spre-chen?
a) Sich am Strand den Wind um die Ohren blasen zu lassen
b) Gesprächig beieinander sitzen
c) Über Touristen lästern, die keine *bitterballen* mögen

⓬ Was zeichnete die Malerei der großen niederländischen Meister von Rembrandt bis Vermeer be-sonders aus?
a) ihr Realismus
b) ihr Kubismus
c) ihr Manierismus

REGISTER